2024

PENSION

年金 ポケットブック

近代セールス社

はじめに

　少子・高齢社会が進展するなかで，国民の年金に対する関心が高まっています。ところが，いざ年金を理解しようとなると，仕組みや計算方法が複雑なことから，壁に突き当たってしまう人が多いようです。

　これは，金融機関に身を置く人にとっても同様で，年金に対する顧客の関心が高く，年金の受け取り方等をアドバイスすることが預金や保険に結びつくことは分かっていても，遅々として進まない年金知識の習得にとまどっている人たちが多いのが実情でしょう。「年金ポケットブック」は，こうした実情を踏まえて制作しました。難しいと言われる年金を「分かりやすく」解説し，そして，顧客アドバイスに即「役に立つ」内容を目指しています。

　ただ，ポケットブックであるために，細かい部分にまで触れることには限界があります。そうした部分は別の専門書や専門家を活用してください。

　あなたのポケットやバッグに納められた本書が，あなた自身と，あなたのアドバイスを待っている多くの顧客の役に立ち，満足度アップの一助となれば幸いです。

　なお，本書は令和6年4月1日現在施行されている法令等に基づいて解説しています。また，令和6年度の年金額は，昭和31年4月2日以後生まれの方と昭和31年4月1日以前生まれの方では年金額が異なることとなったため，基本的には昭和31年4月2日以後生まれの方の年金額で解説しています。

　その他改正等がありましたら当社ホームページ（https://www.kindai-sales.co.jp/）上で随時お知らせいたします。

2024年4月

近代セールス社

第 1 章

高まる年金に対するニーズ

序 年金はむずかしくない

◇要するに……

年金受取口座の獲得や年金保険の販売は，年金に対する詳細な知識がなくても行える。基本となるポイントを理解していれば，一味違ったセールスが展開でき，成績も上がる。

◇基本１──国民年金は20歳以上なら全員加入

国民年金は，わが国に居住する20歳以上60歳未満の人は全員強制加入である。したがって，加入期間は原則40年。

そして，20歳から60歳までの40年間すべて保険料を納めていれば，満額の老齢基礎年金を65歳から受給できる。

◇基本２──被用者には２階部分の年金が加わる

国民年金に加えて，民間サラリーマン，公務員等は厚生年金に加入する。厚生年金制度からは国民年金に上乗せした２階部分の年金が支給される。サラリーマン，公務員等は国民年金にも加入したとみなされ１階部分が基礎年金になる。

◇基本３──年金の支給事由は３つ

①65歳に達したとき（特例的に65歳未満で受給を開始できることもある）──老齢年金

②障害者になったとき──障害年金

③死亡したとき──遺族年金

◇基本４──年金は物価・賃金にスライドする

公的年金は物価・賃金の上下により支給額も上下するのが原則。その実施は毎年４月から。ただし，平成16年の年金改正により「マクロ経済スライド」が導入され，前年の物価変動率等が，そのまま年金に反映されないこともある。

◇基本５──被用者年金は平均給与と賞与をもとに計算する

厚生年金（共済年金加入期間を含む）は勤めた期間の平均給与月額である平均標準報酬月額と平成15年度からは賞与を含めた平均標準報酬額をもとに計算。賞与（上限額あり）からも月収と同率の保

険料が徴収され，その結果として年金額に反映される。なお，平成27年10月１日以降は，被用者年金の一元化により公務員等も厚生年金に加入し，老齢厚生年金として年金受給権が裁定・決定される。

◇基本６──年金は請求しないともらえない

　老齢厚生年金の支給開始年齢は生年月日と性別により異なるが，当分の間女性については65歳前に支給開始される。国民年金は65歳の請求が原則である。支給開始年齢については，65頁を参照のこと。

◇何をどのように学べばよいか

　簡単で，かつ基本となるのが国民年金の老齢給付である老齢基礎年金の知識である。次に厚生年金を学ぶとよい。

　専業主婦の妻と２歳の男子がいるＡさん（銀行員　現在34歳）の年金額を考えてみる。

Ａさんの生年月日	平成２年４月10日生まれ，男性
加入している年金	国民年金（第２号被保険者）　　厚生年金
加入年月日	平成25年４月１日（厚生年金の被保険者となる）
現在の保険料	国民年金　なし（厚生年金から拠出） 厚生年金 　（標準報酬月額　38万円）$\times \frac{183.00}{1000} \times \frac{1}{2} = 34,770$ 円 　（標準賞与額　60万円）$\times \frac{183.00}{1000} \times \frac{1}{2} = 54,900$ 円
今，死亡したら	遺族基礎年金　816,000円 + 234,800円 遺族厚生年金　*平均標準報酬額 $\times \frac{5.481}{1000} \times \frac{厚生年金}{加入月数}$ 　　　　　　　$\times \frac{300}{総加入月数} \times \frac{3}{4}$
今，１級障害者 になったら	障害基礎年金　1,020,000円 + 234,800円（子の加算額） 障害厚生年金　*平均標準報酬額 $\times \frac{5.481}{1000} \times \frac{厚生年金}{加入月数}$ 　　　　　　　$\times \frac{300}{総加入月数} \times 1.25$ 　　　　　　　+ 234,800円（配偶者加給年金額）
65歳からもらえる老齢年金	60歳から65歳未満の間で老齢厚生年金と老齢基礎年金を一緒に繰上げで受給することもできる 65歳からは老齢基礎年金 + *老齢厚生年金

（令和6年4月1日現在）
※日本年金機構から支給される老齢厚生年金額は，厚生年金基金の加入歴があり厚生年金基金から支給される報酬比例部分の代行部分があるときは，当該代行部分に相当する額は，控除され支給される。
・障害年金・遺族年金について，詳しくは第５章を参照のこと。
・年金額については，すべて昭和31年４月２日以後生まれの方として記述。

①年金とは何か

◇要するに……

ILO（国際労働機関）は，年金について次のように定義する。「年金とは，一家を支える者が老齢，死亡，障害者となった場合に，社会保障制度から長期間にわたって定期的に支払われる現金給付の総称である」。

◇保険とは

わが国の年金制度は，国と国民あるいは労使が保険料を負担する強制加入の社会保険という制度で成り立っている。

人が死亡したり，病気になったり，事故に遭うことは，個人的には偶然の出来事である。しかし広い職域や地域など，集団の規模が大きくなれば，死亡や障害などの事故が起こる確率はほぼ一定であり，その変動の幅も大きくない。これを「大数の法則」と呼ぶ。

年金はこの法則に基づいた「保険」という仕組みを利用して人生の危機に備える制度である。

老齢年金も，平均余命を使うことにより平均的な老後期間を予測できる。こうして老齢期を事故の対象とすることができる。

◇社会保障制度

社会保障は「所得の再配分制度」である。一家の働き手が死亡したり障害者になったときには，年金の加入期間が短く少額の保険料しか払っていなくても，遺族年金または障害年金が支払われる。

これは同じ時代を生きる人々の保険料が年金として配分されるからである。同世代からの所得の移転であり，再配分である。また老齢年金は，働く現役世代から老齢世代への所得の再配分である。

◇公的年金の受給者数

公的年金受給者数（延人数）は，令和4年度末現在で7,709万人となっており，令和4年3月末（前年度末）比11万人（0.1％）増加している。

重複のない公的年金の実受給者数は，令和4年度末現在3,975万人であり，前年度末比47万人（1.2%）減少している。（厚生労働省「令和4年度厚生年金保険・国民年金事業の概況」より）

◇保険料

　保険料は年金制度を支える要である。保険料は年金の原資となるだけでなく，一定の年数，保険料を支払うことで受給資格ができ，もらえる年金額は保険料を納めた期間と密接に結びついている。
　保険料の徴収方法には「定率」と「定額」がある。
・定率……民間企業の厚生年金の保険料は平成15年4月1日以降，月給および賞与（最高150万円／回）を基に算出されており，18.30%（平成29年9月以降）で労使折半と定率。給料・賞与の高い人は高い保険料を支払う。平成29年9月以降は保険料率は固定。
・定額……国民年金の保険料は令和6年4月現在，月額1万6,980円で定額であり，低所得の人たちには高負担となるため，全額保険料免除および半額免除の制度がある。また，平成18年7月より導入された4分の1免除および4分の3免除制度がある。
　平成31年4月から，国民年金第1号被保険者の産前産後の保険料免除制度が開始された（188頁参照）。

◇強制加入

　年金制度は，適用範囲にある人は強制加入。強制加入によって，すべての人への保障が実現し，財政的な基盤が確立する。

◇年金の財源と財政

　わが国の年金の財源は，保険料に国庫負担が加わったものである。
　年金の財政方式には，大きく分けて「賦課式」と「積立式」の2つがある。賦課式とは，その年に必要な年金の給付費を，その年の保険料で賄う方式である。したがって，原則として積立金は生じない。積立式は，自分の年金受給のために保険料を長年にわたって積み立てていく方式である。わが国では，発足当時から積立方式をとってきたが，現在では，積立式と賦課式の中間である「修正積立方式」をとっている。

9

②高齢社会の進展と年金ニーズ

◇要するに……

高齢者とは，原則として65歳以上の人を指す。

人口の高齢化は着実に進み，平成25年は4人に1人が高齢者となった。これにつれて，公的年金の社会的役割も増加している。

◇高齢社会から超高齢社会へ

「高齢社会」とは，総人口に占める65歳以上の割合が14％を超え20％に至るまでをいい，わが国は平成7年の調査で14.6％，平成12年では17.4％となり，高齢社会となった。

これが，平成19年では21.5％となり，超高齢社会に突入した。令和5年（2023年）9月15日現在の推計では，29.1％となり，過去最高となった。（総務省統計局「人口推計」による）

令和5年推計の「日本の将来推計人口」によれば，65歳以上の人口割合は，令和27年（2045年）には36.3％，令和52年（2070年）に

日本の人口の推移

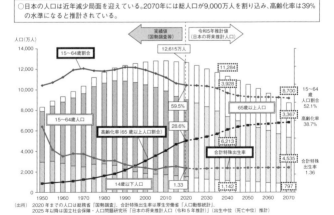

○日本の人口は近年減少局面を迎えている。2070年には総人口が9,000万人を割り込み、高齢化率は39％の水準になると推計されている。

（出所）2020年までの人口は総務省「国勢調査」、合計特殊出生率は厚生労働省「人口動態統計」。
2025年以降は国立社会保障・人口問題研究所「日本の将来推計人口（令和5年推計）」（出生中位（死亡中位）推計）

は38.7％程度になると予想される。

◇高まる年金への関心

　令和6年は，昭和34年生まれの人が65歳になる年である。高齢社会は，団塊の世代の高齢者入りにより一気に進んでいる。

　老後の所得には，年金，給料，財産収入，子どもからの仕送りなどが考えられるが，そのうち年金・恩給が62.8％を占めている（2022年「国民生活基礎調査」）。このように公的年金が老後生活の柱となっている。年金の関心が高い理由はここにある。

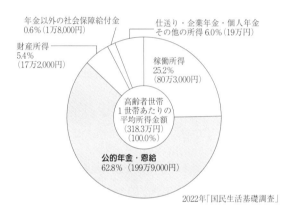

年金以外の社会保障給付金
0.6％（1万8,000円）

財産所得
5.4％
（17万2,000円）

仕送り・企業年金・個人年金
その他の所得 6.0％（19万円）

稼働所得
25.2％
（80万3,000円）

高齢者世帯
1世帯あたりの
平均所得金額
（318.3万円）
（100.0％）

公的年金・恩給
62.8％（199万9,000円）

2022年「国民生活基礎調査」

◇年金に対するニーズ

　公的年金は，高齢化が進展するに伴い，支給開始年齢の引上げや，基礎年金の賃金スライドの廃止，国庫負担の増大，マクロ経済スライドなど不安となる要素を多くはらんでいる。

　これらのことは，次の不安・悩みを生み出している。

①自分が高齢者となったときの年金は大丈夫か

②年金はいつから，いくらくらいもらえるのか

③年金の手続きはどのように行うのか

④自分が死んだとき（配偶者が亡くなったとき）年金はどうなるのか

⑤年金だけで生活できない場合，どうすればよいか

⑥在職中の年金はどうなるのか

⑦年金を増やす方法はないのか

③これまでの年金改正①（平成12年改正）

◇要するに……

1. 厚生年金の報酬比例部分の給付が５％削減された。ただし，経過措置があり，従前の年金額が当分の間，保障された。

2. 60歳台前半の老齢厚生年金を，男性は平成25年度から令和７年度にかけて段階的に廃止する（女性は５年遅れ）。ただし，平成27年10月の被用者年金制度一元化後も共済加入期間についての老齢厚生年金は，男・女の別はない。

3. 平成15年４月からの総報酬制の導入，平成14年４月からの65歳以上70歳未満の者への在職老齢年金の導入など。

◇年金額の改定（平成12年４月実施）

厚生年金等にかかわる年金額は，次のように改定された。

・65歳未満の者に支給する老齢厚生年金の定額部分の単価が1,625円から1,676円（804,200円÷480月）に改められた。その後平成16年改正により，法律上の単価は1,628円に改められている

◇報酬比例年金の５％削減（平成12年４月実施）

報酬比例部分の年金は，平均標準報酬月額に給付乗率（生年月日により異なる）と加入月数を掛けて計算する。平成12年改正により給付乗率を５％引き下げたが，従前額保障の額（旧方式）が平成12年改正後の額（新方式）を上回っている間は，経過措置として従前の額の支給を保障していた。

また，平成15年４月からは総報酬制が導入され平成15年３月までの間の額と平成15年４月以降の額とを合算して得た額となる。障害厚生年金・遺族厚生年金の計算についても同様の扱いとなった。

◇65歳未満の在職老齢年金の改正（平成12年４月実施）

60歳台前半の在職老齢年金について停止額の緩和が行われ，「標準報酬月額34万円を超えると，増加した金額を引く」が「報酬月額

報酬比例部分の計算方法

　報酬比例部分（Ａ＋Ｂ）…旧方式と新方式で計算した金額を比べると平成27年３月までは旧方式が多くなっていた。

Ａ＝平成15年３月までの加入期間についての額

旧方式　平均標準報酬月額$^{※}$ × $\dfrac{10〜7.5}{1000}$（生年月日に応じ） × H15.3.31までの加入月数 × 1.031（改定率）（定数）

または

新方式　平均標準報酬月額$^{※}$ × $\dfrac{9.5〜7.125}{1000}$（生年月日に応じ） × H15.3.31までの加入月数

Ｂ＝平成15年４月１日以後の加入期間についての額

旧方式　平均標準報酬額$^{※}$ × $\dfrac{7.692〜5.769}{1000}$（生年月日に応じ） × H15.4.1以後の加入月数 × 1.031（改定率）（定数）

または

新方式　平均標準報酬額$^{※}$ × $\dfrac{7.308〜5.481}{1000}$（生年月日に応じ） × H15.4.1以後の加入月数

※旧方式の平均標準報酬月額は昭和32年10月以後の標準報酬月額に平成６年改正の率に置き換えた再評価率（196頁参照）で計算したもの。また、新方式は平成12年改正後の再評価率で算出した平均標準報酬月額である。同様に平成15年４月１日以後の平均標準報酬額の算出についても平成６年改正の再評価率を使う旧方式と平成12年改正後の再評価率を使う新方式によるものが理論上存在していたが、平成12年改正後の本来水準の額は従前額の保障額を下回っていたため、旧方式での計算式で支給されていた。

　平成16年年金法改正以後の従前額保障の「物価スライド特例措置」では、この旧方式での計算式を使い水準を維持する（物価上昇期を除いて）経過措置が取られ、平成26年度までの実際の支給額には、旧方式での計算式が使われた。

37万円を超えると」に改定された。さらに、平成15年４月からの総報酬制の導入により、平成16年４月から支給停止基準額である22万円が28万円へ、37万円が48万円に改定された。この28万円と48万円については、平成16年の改正後は毎年度見直されることとなった。

　なお、令和４年４月に65歳未満の在職支給停止制度が改正され、それまでの支給停止開始基準額と支給停止調整変更額が廃止され、65歳以降の在職支給停止制度と同じ「支給停止調整額」に一本化さ

支給停止開始基準額・支給停止調整変更額の推移

	平成23〜26年度	平成27年〜28年度	平成29年〜30年度	平成31(令和元)年度	令和2年度	令和3年度
支給停止開始基準額	28万円	28万円	28万円	28万円	28万円	28万円
支給停止調整変更額	46万円	47万円	46万円	47万円	47万円	47万円

れ，これを基準に停止額が決定されることになった。「支給停止調整額」は令和4年度・47万円，令和5年度・48万円，令和6年度・50万円。在職老齢年金制度の詳細については，88〜89頁を参照。

◇標準報酬月額の上下限額改定（平成12年10月実施）

標準報酬等級を9万8,000円から62万円までの30等級に変更した。その後8万8,000円から62万円の31等級になり，令和2年9月からは，標準報酬月額の上限が引き上げられ，8万8,000円から65万円の32等級に改められた（190頁参照）。

◇60歳台後半の在職老齢年金の導入（平成14年4月実施）

平成14年3月までは，65歳になると会社に勤めていても厚生年金の被保険者資格を失い，年金は減額されずに全額支給されていたが，平成14年4月からは加入年齢が引き上げられて，70歳になるまで厚生年金の被保険者となることとされた。これに伴い，60歳台後半の在職老齢年金の仕組みができた（95頁参照）。

◇総報酬制の導入（平成15年4月実施）

平成15年4月以降，保険料徴収および年金額の計算において，月収を基礎としていたものが，年間の総収入を対象としたものに代わり，賞与（上限150万円／1支払いごと）についてもそれまでの特別保険料に代わり同率の保険料が徴収されることとなった。この結果賞与が年金額の計算においても反映される。その反面，給付乗率が1,000分の7.125から，1,000分の5.481へ引き下げられた。在職老齢年金の計算も，総報酬制に対応したものに改定された（66頁参照）。

④ これまでの年金改正② （平成16年改正）

◇要するに……

少子高齢化の一層の進行，個人の生き方，働き方の多様化に柔軟に対応できる制度とすべく，平成16年にも年金改正が行われた。

◇基礎年金国庫負担割合の２分の１への引上げ

基礎年金給付費の国庫負担割合は３分の１とされていたが，平成16年改正で「安定財源を確保した上で段階的に負担割合を２分の１まで引き上げる」こととされ，平成21年４月から国庫負担割合２分の１が実現された。

◇保険料水準固定方式

将来の保険料水準を法律上固定した上で，その収入の範囲内で給付水準を自動的に調整する仕組みとされた。

・厚生年金…平成16年10月から毎年0.354％ずつ引き上げられ，平成29年９月に固定された。以降の一般保険料率は，1,000分の183.00（次頁参照）。

・国民年金…平成17年４月から毎年月額280円（平成16年度価格水準）引き上げ，平成29年度以降１万6,900円（平成16年度価格水準）とされた。いずれも平成16年度価格水準なので，物価および実質賃金が上下すれば，それに見合う分の保険料も上下することになる。なお，平成31年４月から国民年金第１号被保険者の産前産後の保険料免除制度が施行されることに伴い，平成31（令和元）年度分より平成16年度価格水準で月額100円引き上げられ，法律上の国民年金保険料は，月額１万7,000円と規定された。

〈平成17年度以後の国民年金保険料〉

将来の現役世代の負担が過重なものとならないように，平成16年改正で，将来の負担の上限を法律上に設けて固定（保険料水準固定方式）された。厚生年金法では次頁の表のとおり保険料率を規定

し，国民年金法でも保険料水準が規定された。

　毎年度の国民年金保険料は，各年度に定められた保険料額に，その年度の保険料改定率を乗じた額となる。保険料改定率は，前年度の保険料改定率に名目賃金変動率（前々年の物価変動率に4年前の年度の実質賃金変動率を乗じたもの）を乗じて算出され，毎年度国民年金保険料は4月から改定される。

第1号厚生年金保険料率の推移表

平成16年10月から平成17年8月までの月分	13.934／100
平成17年9月から平成18年8月までの月分	14.288／100
平成18年9月から平成19年8月までの月分	14.642／100
平成19年9月から平成20年8月までの月分	14.996／100
平成20年9月から平成21年8月までの月分	15.350／100
平成21年9月から平成22年8月までの月分	15.704／100
平成22年9月から平成23年8月までの月分	16.058／100
平成23年9月から平成24年8月までの月分	16.412／100
平成24年9月から平成25年8月までの月分	16.766／100
平成25年9月から平成26年8月までの月分	17.120／100
平成26年9月から平成27年8月までの月分	17.474／100
平成27年9月から平成28年8月までの月分	17.828／100
平成28年9月から平成29年8月までの月分	18.182／100
平成29年9月以降の月分	18.300／100

※第1号厚年被保険者に適用される。
※第2～第4号厚年被保険者の保険料率は経過措置があり，第2～第3厚年被保険者は平成30年9月に，第4号厚年被保険者は令和9年4月に保険料率が統一され，全被保険者が18.3％に統一される。

◇**給付の自動調整**（平成16年10月施行）

　高齢者の年金給付水準を定める場合，現役時代の生活水準を持続させる意味合いから所得代替率という比率が使われている。すなわち，高齢世代の夫婦の年金月額を現役世代の手取賃金月額で除したものである。

　この所得代替率は平成16年で59.3％，平成21年では62.3％で，高齢者が現役時代の生活水準を落とさずに暮らしていける水準といわれている。この給付水準は徐々に引き下げていくが，少なくとも現役世代の賃金月額の50％を上回るものとすると規定された。

具体的には，平成16年年金制度改正で厚生年金の最終保険料率を18.30％で固定し，この負担の範囲内で給付水準を引き下げるが，令和5年以降厚生年金のモデル年金（夫婦の基礎年金を含む）の所得代替率を50.2％とした。

　また，従来，新規裁定者の年金については1人当たりの賃金伸び率および物価スライドで，既裁定者は物価スライドにより年金額を改定してきたが，賃金や物価の上昇局面においてはその伸び率等をそのまま年金額に反映するのではなく，「スライド調整率」によって縮小させ，年金額の増加を調整する。

　スライド調整率とは，公的年金被保険者数の減少率（平成16年改正当時は0.6％見込み）と平均余命の延び（0.3％）の計0.9％で，賃金伸び率・物価上昇率からスライド調整率を控除した率が改定率とされる。所得代替率が50％程度となるまで行われる。例えば既裁定者の場合，前年の物価上昇率が2％であれば，翌年度の年金額に反映されるのは，2％－0.9％＝1.1％となる。このスライド調整率は，物価が上昇したときまたは賃金が上昇したときに実施され，物価や賃金が下落したときには行われないこととされていた。

・新規裁定者…改定率⇒1人当たり賃金伸び率（物価を含む）
　　　　　　　－スライド調整率
・既裁定者…基準年度以後改定率⇒物価上昇率－スライド調整率

＊この調整を「マクロ経済スライド」といい，物価スライド特例措置（平成16年改正前の水準による支給）が終了した後の平成27年度に初めて適用された。

　平成16年度改正後の本来水準と物価スライド特例措置の水準との差は，平成21年度に0.8％まで縮小したが，その後はさらに拡大し平成24年度には2.5％の差となった。そのため，早期の特例措置水準解消のため法改正を行い，平成25年10月に1％，平成26年4月に1％，平成27年4月に0.5％（物価変動，賃金変動がないものとした場合）の年金を減額し解消することとなり，平成26年度の年金額で完全に解消された。

　その結果，実際のマクロ経済スライドの実施は，物価スライド特例措置による特例水準額が解消された平成27年度から開始された。

◇国民年金保険料の徴収対策の強化

(1)保険料納付猶予制度

　30歳未満の第１号被保険者で，世帯の所得によらず本人（配偶者も含む）の所得が一定以下であれば，保険料の納付を猶予する制度が導入された。令和12年６月までの経過措置である。なお，平成28年７月からこの制度の対象年齢を50歳未満まで拡大された。

(2)保険料多段階免除制度

　全額，半額という２段階の免除段階に４分の１免除と４分の３免除制度が加わり，計４段階の免除制度となった（平成18年７月実施）。

◇年金制度の理解を深めるための取組み

　被保険者に対し，保険料納付の実績や将来の給付に関する情報を分かりやすい形で通知することとされ，平成21年度より「ねんきん定期便」という形で全被保険者に対して個別に情報提供している。

◇第３号被保険者の特例届出の実施

　過去に第３号被保険者としての届出をしなかったため，保険料未納期間とされた人に対し，届出をすれば，未届期間を保険料納付済期間として救済する（平成17年４月実施）。

◇在職老齢年金制度の見直し

(1) 60歳台前半の在職老齢年金制度の見直し

　年金額と給与（ボーナスを含む）の合計が月28万円（令和３年度）を超える場合に，年金額を調整する（平成17年４月実施）こととされた。

　令和２年法改正により，60歳台前半の在職老齢年金の仕組みが令和４年４月から改正され，その結果，年金額と給与（ボーナスを含む）の合計が月50万円（令和６年度価格）を超える場合にのみ，年金額が調整されることになった。

(2) 70歳以上の在職者の老齢厚生年金の調整

　70歳以上の在職者にも60歳台後半の在職老齢年金制度と同様の制度を適用する。ただし，保険料の負担はない（平成19年４月実施）。

　また，平成27年９月までは昭和12年４月１日以前生まれの人につ

いては，対象外とされていたが，これらの人も平成27年10月の被用者年金一元化法により，在職支給停止の対象とされた。要件によっては停止額の軽減措置を受けることができる。

◇**離婚時の厚生年金の分割（合意分割）**

　平成19年４月１日以降離婚した場合，夫婦の合意または裁判の決定等があれば，婚姻期間中の双方の厚生年金の標準報酬を分割できるものとされた。対象期間の再評価後の標準報酬総額の両者の合計額の２分の１を限度として，按分割合は決定するものとされた。この合意分割の請求は，原則として離婚後２年以内にしなければならない（平成19年４月実施）。

◇**第３号被保険者期間の厚生年金の分割（３号分割）**

　離婚した場合や分割を適用する事情がある場合，平成20年４月以降の第３号被保険者期間に限って，配偶者との合意がなくても，第３号被保険者であった者の請求だけで，婚姻期間中の厚生年金の被保険者記録が２分の１に分割され，標準報酬額の改定・決定が行われる（平成20年４月実施）。この３号分割の請求も，原則として離婚後２年以内にしなければならない。

◇**遺族年金制度の見直し**

　子のいない30歳未満の遺族配偶者への遺族厚生年金の給付を５年の有期とした。中高齢寡婦加算の支給対象を原則として夫死亡時40歳以上とした（平成19年４月実施）。

　平成19年４月以降は，65歳以上で遺族厚生年金と老齢厚生年金（退職共済年金を含む）の複数の受給権を有している場合，原則として自分自身の老齢厚生年金等が優先的に支給され，遺族厚生年金の額が老齢厚生年金額より高額である場合には，老齢厚生年金相当額が遺族厚生年金から支給停止となる。この制度が，平成19年４月１日以後の死亡と施行日以後に65歳となる人（昭和17年４月２日以後生まれの人）を対象としていることから，平成19年４月１日現在で遺族厚生年金の受給権のある人であっても昭和17年４月２日以後生まれの人は，新制度の適用となる。

◇**障害年金の改善**

65歳以上である場合に障害基礎年金と老齢厚生年金または遺族厚生年金の併給ができることとなった（平成18年4月実施）。

◇**平成16年度の物価スライド特例措置による年金額**

〈**平成12年財政再計算後の物価スライド率の経過**〉

改正前の平成16年度の物価スライド率（0.988）には，次のような経過があった。平成11年から平成15年までの消費者物価指数は，前年比で平成11年△0.3%，平成12年△0.7%，平成13年△0.7%，平成14年△0.9%，平成15年△0.3%（合計△2.9%）下落した。しかし，特例法により実際の年金額については平成15年度に初めて平成14年の下落分△0.9%（物価スライド率0.991）の減額改定を行った。続いて平成16年度に平成15年の下落分△0.3%（物価スライド率0.997）を年金額に反映させた（合計△1.2%）。つまり，平成16年度の年金額には，△1.7%が積み残された。

〈**平成16年改正後の本来の年金計算**〉

平成16年の年金改正で，平成11年から平成15年までの実際の消費者物価指数の下落分（△2.9%）を本来の年金額に反映させた額に法律は書き換えられている。例えば，満額の老齢基礎年金額は78万900円（平成16年度本来の額）になり，厚生年金保険法による特別支給の老齢厚生年金の定額部分の定額単価は1,676円から1,628円（平成16年度の本来額）に書き換えられている。

また，平成12年改正で報酬比例部分の計算において，給付乗率の5%削減が行われたが，その際に従前額保障が行われていた。平成16年改正においても，この従前額保障の考え方は継続して条文に盛り込まれている。ただし，この平成12年改正の従前額保障に使う「従前額改定率」には，老齢基礎年金の額と同じように，積み残しの△2.9%を反映させた率（平成16年度1.001＝1.031×0.971毎年度改定）で計算する。平成6年改正の再評価率を利用して平均標準報酬月額および平均標準報酬額を算出し，旧乗率を乗じてさらに従前額改定率を乗じて得た額となる。平成27年度以後の年金額は，原則として本来水準の額で支給されるが，平成12年改正の従前額保障の計算式による額のほうが高額となるケースでは，この額が保障される。

従前額保障による計算式の額が，本来水準による計算式の額を上回るのは，ごく一部の高齢受給者等であると想定されるため，本書では，平成27年度以降について，実務面を重視して本来水準の年金額の計算式を記述していく。

◇平成17年度～令和４年度の年金支給額
〈物価スライド特例水準による計算式〉
　平成16年改正では，本来積み残していた物価スライド分△1.7％を実際の年金額に反映させると，急激な年金額の低下となってしまうため，経過措置として平成16年10月以後も継続して1.7％高い年金水準が保障されることとなった（物価の上昇期を除く）。
　つまり，平成16年度水準の計算式による年金額が，従前額保障の式で計算された額や平成16年改正後の本来水準の計算式による額を上回っている間は，平成16年度水準の額が支給されることとされた。なお，平成16年改正により，法律上の本来水準の額は，平成11年から平成15年までの実際の消費者物価指数の下落分（合計△2.9％）を反映させた額（78万900円）に書き換えられている。また，マクロ経済スライド調整率については，物価スライド特例水準による支給が解消された後に開始されることになっている。
　平成17年以降平成26年までの年金支給額は，図表のとおりとなる。

■平成17年度～平成26年度までの年金支給額《特例水準額》

	上段： 物価変動率 下段： 名目手取り 賃金変動率	年金額改定率 （前年度比）	概　　要 （実際の基礎年金支給額）
平成16年 (2004年)	△0.3％ ――	△0.3％	平成11～平成15年の消費者物価指数の下落分（合計△2.9％＝△0.3％＋△0.7％＋△0.7％＋△0.9％＋△0.3％）のうち，平成14年の下落分（△0.9％）は平成15年度額に反映させ，平成15年分の下落分（△0.3％）は平成16年度額に反映させた。その結果合計△1.2％が反映済みだが，未だ△1.7％積み残された。本来の物価変動分△1.7％を年金額に反映すると急激な年金額の低下となるため，平成16年10月以降も1.7％高い年金水準を保障された。（794,500円）

年度			
平成17年 (2005年)	0.0% ――	0.0%	平成16年の消費者物価指数が平成15年と同率だったため，物価変動率は0.0%となった。物価スライド特例水準の額が適用され平成16年度価格と同額のまま。(794,500円)
平成18年 (2006年)	△0.3%	△0.3%	前年の物価変動率が△0.3%となり，物価スライド特例水準が適用され，△0.3%減額されたものとなる。物価スライド特例水準の年金額は，前年の物価が下落したときのみ翌年度の額に反映させ，物価の上昇期には年金額に反映させないこととなっている。(792,100円)
平成19年 (2007年)	0.3% 0.0%	0.0%	前年の物価変動率（0.3%増）となったが，物価スライド特例水準の適用を受けている間は，物価スライドの積み残し分△1.7%を解消するまでは増額改定はしないため前年度と同額のままの据え置き。(792,100円)
平成20年 (2008年)	0.0% △0.4%	0.0%	前年の物価変動率（0.0%）となり，前年度額と同額。(792,100円)
平成21年 (2009年)	1.4% 0.9%	0.0%	前年の物価変動率が1.4%上昇したが，物価スライド特例水準の適用を受けている間は，上昇期には年金額に反映させないため前年度と同額。(792,100円)
平成22年 (2010年)	△1.4% △2.6%	0.0%	前年の物価変動率（△1.4%）であるが，物価の指数は平成17年水準よりも0.3%上回っていることから前年度と同額。(792,100円)
平成23年 (2011年)	△0.7% △2.2%	△0.4%	平成16年の改正後，経過措置の物価スライド特例水準の適用により直近の年金額引下げの年よりも物価が下がった場合に改定されるため，△0.7%がそのまま反映されるのではなく，平成17年と比較すると△0.4%の引下げとなる。(788,900円)
平成24年 (2012年)	△0.3% △1.6%	△0.3%	前年の物価変動率（△0.3%）となり，物価スライド特例水準の適用により，前年度比△0.3%の減額となった。(786,500円)
平成25年 (2013年)	0.0% △0.6%	4月～9月 0.0% 10月以降 △1.0%	前年の物価変動率（0.0%）となり平成25年4～9月の間は前年度と同額。この時点で平成16年改正後の特例水準と本来水準との乖離が2.5%あり，平成24年改正において段階的に解消することとした。特例水準解消は，平成25年10月から△1.0%，平成26年4月から△1.0%，平成27年4月から△0.5%の減額改定することになった。その結果平成25年10月～平成26年3月までは平成25年4月～9月に比べて△1.0%減となった。(4月～9月 786,500円)(10～翌3月 778,500円)
平成26年 (2014年)	0.4% 0.3%	△0.7%	本来名目手取り賃金変動%率（0.3%）で改定されるが，△1.0%の特例水準解消分があるため，前年度比△0.7%減となった。(772,800円)

◇平成27年度以降の年金支給額

〈本来水準による年金支給開始〉

【本来水準の年金額改定の原則】

　年金額は，現役世代の賃金水準に連動する仕組みとなっており，年金額の改定ルールは，平成16年改正により法律上に規定され，原則的には年金の受給開始の年金額（新規裁定年金）は名目手取り賃金変動率により改定され，既に受給中の年金（既裁定年金）は，購

買力を維持する観点から物価変動率により改定される。

（原則による改定率の算定）

・新規裁定年金（67歳以下）の改定率…前年度の改定率×名目手取り賃金変動率

・既裁定年金（68歳以上）の改定率……前年度の改定率×物価変動率

　原則は上記の通りだが，経済状況により，改定基準は次のとおりに適用されることとされた。

	条件	改定の基準となる率
①	物価変動率＞0＞名目手取り賃金変動率	（変化なし）
②	0≧物価変動率＞名目手取り賃金変動率	物価変動率
③	物価変動率＞名目手取り賃金変動率≧0	名目手取り賃金変動率

＊令和3年4月から「年金改革法」により，①および②について改定ルールの見直しが行われた。（27頁を参照）

■平成27年度～令和4年度までの年金支給額《本来水準》

年　度	上段：物価変動率 下段：名目手取り賃金変動率	スライド調整率	年金額改定率（前年度比）	概　要 （実際の基礎年金支給額）
平成27年 (2015年)	2.7% 2.3%	△0.9%	0.9% (1.4%から特例水準解消分△0.5%を控除後)	物価変動率＞名目手取り賃金変動率≧0となったため，名目手取り賃金変動率（＋2.3%）で改定。スライド調整率△0.9%と，さらに特例水準の解消のため△0.5%が乗じられ，前年比0.9%増。物価スライド特例水準の解消完了。(780,100円)
平成28年 (2016年)	0.8% △0.2%	—	0.0%	物価変動率≧0≧名目手取り賃金変動率となり，名目手取り賃金がマイナスの時は，改定率は0.0%となり，改定されず，前年度と同額。(780,100円)
平成29年 (2017年)	△0.1% △1.1%	—	△0.1%	0≦物価変動率≦名目手取り賃金変動率となり，ともにマイナスで名目手取り賃金変動率が物価変動率を下回る場合，物価変動率で改定。増額改定が行われず，マクロ経済スライド調整も行われないため，物価変動率△0.1%で改定。(779,300円)
平成30年 (2018年)	0.5% △0.4%	(△0.3%)翌年度以降に繰り越された。	0.0%	物価変動率≧0≧名目手取り賃金変動率となり，名目手取り賃金がマイナスの時は，改定率は0.0%となり，年金額は改定されず，前年度と同額。なお，法令改正により，マクロ経済スライドの調整が未実施の場合，翌年度以降に繰り越される仕組みが導入され，スライド調整率の△0.3%がキャリーオーバーとなった。(779,300円)

平成31 （令和元） 年 （2019年）	1.0% 0.6%	△0.2%	0.1%	物価変動率＞名目手取り賃金変動率≧0となり、名目手取り賃金変動率（0.6%）で改定されることとなるが、平成31年分のマクロ経済スライド調整率（△0.2%）と平成30年度分のマクロ経済スライド未調整率（△0.3%）が乗じられることにより、前年比0.1%増で改定となる。なお、キャリーオーバーによる未調整分は解消。（780,100円）
令和2年 （2020年）	0.5% 0.3%	△0.1%	0.2%	物価変動率＞名目手取り賃金変動率≧0となり、名目手取り賃金変動率（0.3%）で改定される。マクロ経済スライド調整率△0.1%が乗じられるため、改定率は0.2%となった。（781,700円）
令和3年 （2021年）	0.0% △0.1%	（△0.1%）翌年度以降に繰り越された。	△0.1%	物価変動率≧0≧名目手取り賃金変動率となった。令和3年度より年金額改定ルールが改定され、新ルールが初めて適用された。従来は、物価変動率≧0≧名目手取り賃金変動率の場合、年金額は改定されず、前年度額と同額となっていた。新ルールの適用で名目手取り賃金変動率（△0.1%）で改定された。マイナス改定により、マクロ経済スライドは、実施されず翌年度以降に繰り越しとなった。（780,900円）
令和4年 （2022年）	△0.2% △0.4%	（△0.2%）翌年度以降に繰り越された。	△0.4%	0≦物価変動率≦名目手取り賃金変動率となり、名目手取り賃金変動率が物価変動率を下回るので、名目手取り賃金変動率（△0.4%）で改定する。マイナス改定のため、マクロスライド調整率は適用されず、令和3年分△0.1%と令和4年分△0.2%の合計△0.3%が積み残しとなる。（777,800円）

スライド制導入軌跡

改定時期	改定項目	概要
1973年 （昭和48年）	物価スライド制の導入	物価水準と現役世代の所得に応じて年金水準を決定。前年度の物価が5％超えて変動した場合変動率に応じて改定。
	標準報酬の再評価（賃金スライド制）の導入	標準報酬月額を現役世代の賃金の上昇率に応じて見直す（再評価）。
1989年 （平成元年）	完全自動物価スライド	物価の変動率が5％以下でも年金額を改定。
1994年 （平成6年）	可処分所得スライドの導入	現役世代の標準報酬の上昇率により再評価を行う賃金スライド制の見直し、手取り賃金の上昇率に応じて改定する可処分所得スライド。
2000年 （平成12年）	物価スライド特例措置の導入	平成11年～平成13年の3年間の消費者物価指数が低下したにもかかわらず、平成12年～14年度の3年間（特例期間）、年金額を据え置く措置がとられた。
2004年 （平成16年）	保険料水準固定方式採用	給付と負担の関係を見直した。将来の厚生年金保険料の上限（18.3％）を決めた上で、その収入の範囲内で給付の水準を調整する仕組みとされた。現役世代の所得水準に対する年金額の給付水準（所得代替率）を50％に近づけることとされた。国民年金保険料についても法律上固定され、同様な仕組みを設けた。

	マクロ経済スライドを導入	現役世代の人数（被保険者数）の減少と高年齢者人口の増加や平均余命の伸び等により調整する制度導入。 平成12年〜14年度の特例期間の物価下落率の未処理の累積分（1.7%）を，物価上昇により解消するまではマクロ経済スライドは適用されず特例水準による年金額となり，賃金や物価の上昇に応じて年金額を改定。
2018年 （平成30年）	マクロ経済スライドのキャリーオーバー制度導入	平成28年12月に成立した年金改革法により，マクロ経済スライドによって前年度より年金の名目額を下回らない範囲で，賃金・物価上昇の範囲内で前年度までの未調整分を翌年度以降へ繰り越しされることとなった。

◇マクロ経済スライドによる調整ルールの変更（平成30年4月）

　平成28年12月に成立した年金改革法により，平成30年4月から，マクロ経済スライドによって前年度より年金の名目額を下回らない範囲（賃金や物価が上昇する範囲）で行う名目下限措置を維持した上で，未調整分の翌年度以降への繰越制度（キャリーオーバー）が導入された。この繰越制度は，平成30年4月施行だったが，平成30年度は年金額が据え置かれたため平成30年度の未調整分（△0.3%）は，平成31（令和元）年度以降に繰り越されることとなった。

平成30年度のマクロ経済スライド未調整分（△0.3%）
・公的年金被保険者の変動率…0.0%（1.000）
　（平成26年度〜平成28年度の平均）
・平均余命の伸び率（定率）…△0.3%（0.997）
マクロ経済スライドの未調整分＝1.000×0.997＝0.997（△0.3%）←キャリーオーバー分

●景気回復局面においてキャリーオーバー分を早期に調整（高齢者の年金の名目下限は維持）

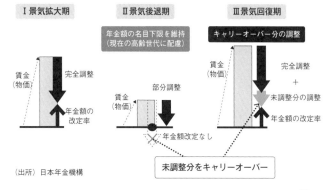

（出所）日本年金機構

25

◇年金額改定ルールの見直し（令和3年4月実施）

　令和3年4月から，年金の支え手である現役世代の負担能力（賃金）に応じた給付をする観点から，名目手取り賃金変動率が物価変動率を下回る場合は，名目手取り賃金変動率に合わせて年金額を改定する考えが徹底されるように改定された。

　具体的には，令和3年3月までの改定ルールでは物価変動率と名目手取り賃金変動率がともにマイナス，かつ名目手取り賃金変動率が物価変動率を下回る場合，新規・既裁定年金ともに物価変動率での改定となっていた（次ページケース④参照）。また，物価変動率がプラスで名目手取り賃金変動率がマイナスの場合には，新規・既裁定年金ともに令和3年3月までは改定は行われないこととされていた（次ページケース⑤参照）。

「年金改革法」により，これらの2つのケースにおいても，令和3年度から新規・既裁定年金ともに名目手取り賃金変動率によって年金額を改定することに改められた。

◇令和3年度の年金額

　令和3年度は，物価変動率が0.0%（1.000），名目手取り賃金変動率が△0.1%（0.999）であり，新改定ルールが初めて適用され，新規裁定者および既裁定者ともに，名目賃金変動率△0.1%（0.999）で改定された。なお，マクロ経済スライド調整率は，マクロ経済スライド適用前の改定率がプラスのときに適用されるため，令和3年度は適用されなかった。

◇令和4年度の年金額

　令和4年度は，物価変動率△0.2%（0.998）で，名目手取り賃金変動率△0.4%（0.996）となり，どちらもマイナスで，賃金変動率が物価変動率を下回る場合に当たるので，名目手取り賃金変動率で改定された。また，マクロ経済スライドは，賃金や物価による改定率がマイナスの場合は，適用されないため，令和3年度のスライド調整率の未調整分（△0.1%）と令和4年度のスライド調整率の未調整分（△0.2%）とは，合わせて△0.3%が積み残しとなった。

【令和3年4月以降の年金額改定ルール】

ケース	賃金と物価の変動率	改定の基準	
		新規裁定者	既裁定者
①	既裁定者　新規裁定者 賃金≧物価≧0	賃金変動率 Ⓑ	物価変動率 Ⓐ
②	既裁定者　新規裁定者 賃金≧0≧物価	賃金変動率 Ⓑ	物価変動率 Ⓐ
③	既裁定者　新規裁定者 0≧賃金≧物価	賃金変動率 Ⓑ	物価変動率 Ⓐ
④	既裁定者　新規裁定者 0≧物価≧賃金	賃金変動率 Ⓑ（Ⓐでは改定されない） 令和2年度までは，物価及び賃金変動率がマイナスで，賃金変動率が物価変動率を下回るときは物価変動率で改定されていた。	
⑤	既裁定者　新規裁定者 物価≧0≧賃金	賃金変動率 Ⓑ（Ⓐでは改定されない） 令和2年度までは，物価変動率がプラスで賃金変動率がマイナスの場合は，改定されなかった。	
⑥	既裁定者　新規裁定者 物価≧賃金≧0	賃金変動率 Ⓑ（Ⓐでは改定されない）	

＊「賃金変動率」とは，名目手取り賃金変動率を指す。

5 これまでの年金改正③（令和２年改正）

◇要するに……

　人生100年時代が進行するなか，長期間にわたり働く人たちに，高齢期の経済基盤を充実させる一助として改正が行われた。

◇主な改定

1．被用者保険の適用拡大

①短時間労働者への厚生年金と健康保険の適用拡大

　短時間労働者の被用者保険の適用範囲は，従業員501人以上の企業とされていたところ，令和４年10月から従業員100人超，令和６年10月から従業員50人超を被用者保険の強制適用事業所とされた。

②非適用業種の見直し（令和４年10月施行）

　弁護士や税理士等の士業について，改正では，個人事業所でも常時５人以上使用していれば，被用者保険の強制適用とする。

2．在職老齢年金の見直し（令和４年４月施行）

①低在老（65歳未満）の見直し

　低在老についての調整は，高在老と同じ支給停止の仕組みに改正された。具体的には，減額の基準額を令和３年度の「28万円」から「50万円」（令和６年度価格）に引き上げる。

　賃金（総報酬月額相当額）と年金（基本月額）の合計が50万円を超えるときから年金の一部または全部が支給停止となる。

支給停止月額＝（総報酬月額相当額＋基本月額－50万円）×１／２

②在職定時改定の導入（令和４年４月施行）

　今回の改正では，65歳以降の老齢厚生年金について，65歳以降も厚生年金に加入しながら働いていた場合，年金額の改定を年１回行い，毎年10月分から反映させることとされた。

　令和４年９月分までは，継続して厚生年金に加入した場合，年金額は毎年改定されるのではなく，資格喪失時の退職時または70歳到達時になっていた。

3．受給開始時期の選択肢の拡大

　繰下げ受給制度について，上限年齢を従来の70歳から75歳に引き上げる。これにより，年金額を増やせる繰下げ受給は，最高75歳まで選択できることになる。1ヵ月当たりの増額率は変わらないので，65歳の受給権の発生後75歳まで繰り下げると，年金額は84％増額することになる（以上は令和4年4月施行）。新たな繰下げ制度で，70歳超から75歳までの間に繰下げ制度を選択できるのは，原則令和4年4月1日以降に70歳に達する昭和27年4月2日以降に生まれた人である。

　また，従来は，70歳に達した日以降に年金を請求する際に繰下げ受給を選択しない場合，繰下げによる増額が適用されず，加えて65歳からの受給権発生とみなされて，一部の支分権が時効により消滅していた。

　そこで受給権者の不利益を防止するため，改正後は，これを70歳に達した日以降の請求で請求時点における繰下げ受給を選択しない場合でも，年金額の算定は5年前に繰下げの申出があったものとみなして支給する。この改正が適用されるのは，昭和27年4月2日以後生まれの人である（令和5年4月施行）。

4．繰上げ受給制度（令和4年4月施行）の改正

　老齢厚生年金・老齢基礎年金の受給を早める繰上げについては，減額率をそれまでの月0.5％から，月0.4％に引き下げた。

　改正後は，減額率が60月で30％から24％になり，6％減額率が縮小される。ただし，新しい減額率の適用対象者は令和4年4月1日以降に60歳になる昭和37年4月2日以後生まれの人となる。

5．国民年金手帳から基礎年金番号通知書への切替え（令和4年4月施行）

　新たに20歳到達者や20歳前に厚生年金に加入した者等に対して，年金手帳の代わりに「基礎年金番号通知書」が送付される。

6．短期滞在の外国人に対する脱退一時金の支給上限年数の見直し（令和3年4月実施）

　脱退一時金の支給上限年数を3年から5年に引き上げる。具体的には，令和3年4月以降に年金の加入期間があり，保険料を納付している場合に，新しい制度の対象となる。

◇要するに……

●令和５年度の年金額は，名目手取り賃金変動率2.8％（1.028）が物価変動率2.5％（1.025）を上回ったため，新規裁定者（昭和31年４月２日以後生まれの方）は，年金額改定ルールにより名目手取り賃金変動率で，既裁定者（昭和31年４月１日以前生まれの方）は物価変動率で改定されることとなった。

　また，いずれもプラス改定となったため，マクロ経済スライドの調整が行われ，令和３～４年度までの未調整分（△0.3％）と令和５年度の調整分（△0.3％）とが合算されスライド調整率（△0.6％）で調整された。また，令和５年度は，新規裁定者の年金額と既裁定者の年金額が，初めて異なる額となった。

年　度	物価変動率	名目手取り賃金変動率	スライド調整率	年金額改定率（前年度比）	概　要
令和５年（2023年）	2.5％	2.8％	▲0.6％（未調整分▲0.3％と本年度調整分▲0.3％の合計）	【新規裁定者】⇒2.2％	■新規裁定者　名目手取り賃金変動率＞物価変動率≧０となったため，新規裁定者の年金は，賃金変動率（＋2.8％）で改定。本年度のスライド調整率（▲0.3％）と前年度までの未調整分の▲0.3％を含めて，合計▲0.6％が乗じられ，前年度比2.2％増。（年金額：795,000円）
				【既裁定者】⇒1.9％	■既裁定者　名目手取り賃金変動率＞物価変動率≧０となったため，既裁定者の年金は物価変動率動率（＋2.5％）で改定。本年度のスライド調整率（▲0.3％）と前年度までの未調整分の▲0.3％を含めて，合計▲0.6％が乗じられ，前年度比1.9％増。（年金額：792,600円）

●令和６年度の年金額は，物価変動率＋3.2％（1.032）が，名目手

取り賃金変動率＋3.1％（1.031）を上回ったことから，年金額改定ルールに従って新規裁定者（67歳以下の方）も既裁定者（68歳以上の方）も名目手取り賃金変動率を用いて改定することとなった。また，令和6年度のマクロ経済スライドは，前年度からの未調整分がないため，本年度のスライド調整率▲0.4％（0.996：公的年金被保険者総数の変動率▲0.1％（令和2年～令和4年の平均）×平均余命の伸び率▲0.3％（定率））で調整が行われた。

　なお，令和6年度の既裁定者（昭和32年4月1日以前生まれの方）のうち，昭和31年4月2日～昭和32年4月1日までの生年月日の方は，令和6年度中に68歳に達するので「既裁定者」に区分されることになるが，これらの方の前年度の年金額の改定率が1.018と「新規裁定者」と同率なので，その結果，令和6年度の年金額の基準年度以後改定率が新規裁定者と同率となった。

　つまり，既裁定者に区分されるにも関わらず，新規裁定者と同額の年金額となった。令和6年度は，昭和31年4月1日以前生まれの方の年金額と昭和31年4月2日以後生まれの方の年金額の2つの年金額が存在することになった。

＊新規裁定者（昭和32年4月2日以後生まれの方）
　780,900円×改定率＝780,900円×1.045＝816,040.5円≒816,000円
＊既裁定者①（昭和31年4月2日～昭和32年4月1日生まれの方）
　780,900円×基準年度以後改定率＝780,900円×1.045＝816,040.5円≒816,000円
＊既裁定者②（昭和31年4月1日以前生まれの方）
　780,900円×基準年度以後改定率＝780,900円×1.042＝813,697.8円≒813,700円

◇令和6年度の改定率・基準年度以後改定率について

・令和5年の物価変動率…1.032（前年比＋3.2％）
・名目手取り賃金変動率…1.031（前年比＋3.1％）
　＝実質賃金変動率（▲0.1％）×物価変動率（＋3.2％）×可処分所得割合変化率（0.0％）
　　（令和2年～4年の平均）　　　（令和5年の値）　　　（令和3年度の値）
　＝0.999×1.032×1.000≒1.031
・令和6年度のスライド調整率＝本年度の調整率…0.996（▲0.4％）
　＝公的年金被保険者数の変動率（▲0.1％）×平均余命の伸び率（▲0.3％）
　　（令和2～4年度の平均）　　　　　　　　　　（定率）

■新規裁定者（昭和32年4月2日以後生まれの方）
令和6年度の「改定率」＝前年度の改定率×改定率を改定する率
＝前年度の改定率×（名目手取り賃金変動率×スライド調整率）
＝1.018×（1.031×0.996）≒1.045

■既裁定者①（昭和31年4月2日〜昭和32年4月1日生まれの方）
令和6年度の「基準年度以後改定率」−前年度の改定率×基準年度以後改定率を改定する率
＝前年度の改定率×（名目手取り賃金変動率×スライド調整率）
＝1.018×（1.031×0.996）≒1.045

■既裁定者②（昭和31年4月1日以前生まれの方）
令和6年度の「基準年度以後改定率」＝前年度の基準年度以後改定率×基準年度以後改定率を改定する率
＝前年度の基準年度以後改定率×（名目手取り賃金変動率×スライド調整率）
＝1.015×（1.031×0.996）≒1.042

以上から，令和6年度の改定率・年金額は下記のようになる。

令和6年度の新規裁定者と既裁定者

	令和6年度到達年齢		改定率	年金額
新規裁定者	65歳以下	昭和34年4月2日以後生まれ	1.018×1.027＝1.045	816,000円
	66歳	昭和33年4月2日〜昭和34年4月1日生まれ		
	67歳	昭和32年4月2日〜昭和33年4月1日生まれ		
既裁定者	68歳	昭和31年4月2日〜昭和32年4月1日生まれ	1.018×1.027＝1.045	816,000円
	69歳以上	昭和31年4月1日以前生まれ	1.015×1.027＝1.042	813,700円

第2章

公的年金の基礎知識

①年金制度の歴史

◇**要するに……**

1. 公務員を対象とする恩給は明治時代からあった。
2. 厚生年金の前身は労働者年金で，昭和17年6月1日から保険料納付開始。厚生年金という名称になったのは昭和19年10月1日。
3. 船員保険は昭和15年6月から漸時実施されている。
4. 国民年金は昭和36年4月1日から（保険料の徴収開始）。
5. 昭和61年4月1日に新年金法が施行された。
6. 平成27年10月1日に共済年金と厚生年金が統合され被用者年金制度は厚生年金に一本化された。

◇**なぜ歴史が重要か**

　年金制度を理解し，年金相談に応えるためには「年金の歴史」を知ることが欠かせない。なぜなら受給する年金の種類や受給額，受給の要件が年金加入歴により異なるからである。

　昭和61年4月1日に施行された年金法は，それまでの年金制度を抜本的に見直すものであった。国民年金を国民共通の基礎年金とし，厚生年金，共済年金等をその上積年金としたのである。

現在の年金制度は2階建て

公的年金制度の沿革

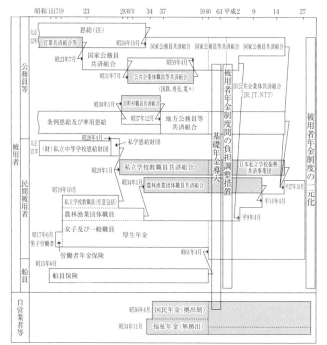

(注) 明治 8 年に海軍退隠令, 同 9 年陸軍恩給令, 同 17 年に官吏恩給令が公布され, これが明治 23 年, 軍人恩給法, 官吏恩給法に集成され, これが大正 12 年恩給法に統一された。
　　　　　　　　　　　　　　　　　　　　　　　　　(厚生労働省年金局「年金制度基礎資料集（2023 年 1 月）」より)

◇新法と旧法は併存

　現在の年金制度は昭和61年 4 月からの新年金法に基づいている。ただし, 新法が適用されるのは, 老齢または退職に関する年金については原則, 昭和61年 4 月 1 日以降60歳に達する大正15年 4 月 2 日以後生まれの人たちである。昭和61年 3 月31日に60歳に達していた大正15年 4 月 1 日以前に生まれた人, および昭和61年 3 月31日の時点で旧厚生年金法・旧船員保険法の受給権を有していた人は新年金法の対象から除外され, 引き続き旧年金法が適用されている。

| 旧年金法適用者 | ……大正15年 4 月 1 日以前に生まれた人（原則） |
| 新年金法適用者 | ……大正15年 4 月 2 日以後に生まれた人 |

②被用者年金制度一元化法の厚生年金

◇**要するに……**

1．平成27年10月１日に「被用者年金制度の一元化法」が施行され共済年金制度を厚生年金保険制度に原則として統一された。

2．２階建て部分の年金は厚生年金にほぼ統一するという趣旨であるが，一部新しい仕組みになったものもある。

3．職域年金相当部分は退職等年金給付と衣替えした。

4．一元化までに受給権のある共済年金の給付は，在職老齢年金の調整の変更と障害共済年金の組合員期間中の扱いの変更を除き，従前どおり取り扱われる。

◇**具体的な変更点**

（1）被保険者の区分

　一元化後は，70歳未満の被用者は，民間企業の従業員や公務員にかかわらず，すべて厚生年金被保険者となり，下記のとおり区分されることとなった。また，一元化法施行後の記録の管理，適用，保険料の徴収等に関する事務は，過去の各共済組合の加入期間を含めて，厚生年金の被保険者となった後もそれぞれの実施機関が行う。

一元化前の区分	厚生年金被保険者種別	実施機関
厚生年金の被保険者	第１号厚生年金被保険者	厚生労働大臣（日本年金機構）
国家公務員共済組合の組合員	第２号厚生年金被保険者	国家公務員共済組合および国家公務員共済組合連合会
地方公務員等共済組合の組合員	第３号厚生年金被保険者	地方公務員共済組合，全国市町村職員共済組合連合会および地方公務員共済組合連合会
私学共済年金制度の加入者	第４号厚生年金被保険者	日本私立学校振興・共済事業団

（2）制度的差異の解消

　すべてが厚生年金にそろえるのではなく共済年金にそろえた部分もあり，従前の仕組みを存続するという３つのパターンに分かれる。

①厚生年金にそろえる主な事項

ⓐ被保険者の年齢制限

共済年金（私学共済を除く）では加入者資格に年齢制限はなかったが，厚生年金と同じく70歳までとなる。平成27年10月１日より，70歳以上の組合員は長期給付（年金）の加入資格を喪失し，厚生年金に加入することができなくなった。

ⓑ未支給年金の給付の範囲

給付の範囲が厚生年金と同様，生計を一にする３親等以内の遺族に統一された。

ⓒ老齢給付・障害給付の在職支給停止

一元化後は，共済組合員も厚生年金の被保険者となったため，平成27年10月以降は退職共済年金の受給者についても，老齢厚生年金を受給している人が引き続き厚生年金の被保険者となった場合の在職老齢年金の支給停止方法（88〜95頁参照）に統一される。

なお，一元化の施行日をまたいで在職している受給者については「激変緩和措置」が設けられている。

一元化前は，共済組合員である間は障害共済年金は原則支給停止となっていたが，一元化後は，在職中も支給されることとなった。

ⓓ障害給付・遺族給付の支給要件

共済年金では，障害・遺族給付に保険料納付要件がなかったが，改正では厚生年金と同様の要件を満たす場合のみ給付が行われる。

ⓔ遺族年金の転給廃止

共済年金では，遺族のうち先順位者が失権した場合，次順位に遺族年金が支給されていたが，厚生年金と同じく後順位者に受給権を発生させない。また，厚生年金同様，夫，父母，祖父母は被保険者の死亡当時55歳以上でかつ60歳になるまで支給停止となる。

②共済年金にそろえる事項

ⓐ月末退職の場合，老齢厚生年金が従前より１ヵ月早く支給される。民間の会社員が月末に退職した場合，その翌々月から年金が支給されていたが，退職した日の翌月分から年金が支給される。

ⓑ被保険者期間の計算

厚生年金の資格を取得した月に，同月中にその資格を喪失し，国民年金の資格を取得したときは，厚生年金の資格をカウントしない（国民年金保険料のみを負担）。ただし，厚生年金の資格喪失月に，国民年金の資格を取得しないとき，例えば60歳以上の人については

厚生年金期間とされ，1ヵ月分の厚生年金保険料は負担する。

③従前の仕組みを存続する

ⓐ既裁定年金の取扱い

　一元化前（平成27年9月30日）までに受給権のある共済年金の給付は，在職老齢年金の調整を除き，従前どおり取り扱われる。給付決定および支払い事務は従前どおり各共済組合で行われる。

ⓑ共済組合などの事務組織

　保険料徴収・年金給付・積立金運用などは各共済組合が従前どおり行う。

ⓒ共済組合（第2号・第3号・第4号厚年）の女性の支給開始年齢

　共済組合の女性は従前どおり，共済組合および第1号厚生年金の男性と同じスケジュールで支給開始年齢が上がっていく。なお，民間の企業に勤務する女性（第1号厚年）の支給開始年齢は男性に比べ5年遅れである。

ⓓ職域加算部分

　職域加算部分は廃止されたが，同時に新たな公務員等の年金給付制度（掛け金は労使折半）が創設された。

　一元化の日をまたいで，職域加算部分は経過的職域加算額（平成27年9月までの加入期間の給付）と退職等年金給付（新3階部分）に分けて支給される。新3階部分である退職年金は，事業主である国等と組合員とで，保険料率の1,000分の15を折半で負担する。

　65歳で受給権が発生し，給付算定基礎額の2分の1が終身年金として，残りの2分の1が有期年金（240月，120月または一時金として受け取り可能）として受給することになる。

（3）一元化後の新厚生年金の改正点

①受給資格の判定で加入期間が合算されるケース

　例えば，加給年金額は，一元化前は厚生年金や共済年金の加入期間が各々単独で20年あれば受給資格を満たすが，厚生10年，共済10年計20年では合算されないため支給されなかった。一元化後は，このようなケースでは同一の厚生年金期間として加給年金額は支給される。新しく合算されるケースとしてこの他，中高齢寡婦加算，振替加算，特別支給の老齢厚生年金の資格要件（1年要件）などがあ

る。

②加入期間が合算されないケース

　厚生年金（第1号厚年）44年以上の長期加入者の特例・定額部分の頭打ち・中高齢者の特例（40歳以降加入期間15年の受給資格期間短縮の要件）。

③年金額の端数処理

　年金額を計算する際に，従来は50円未満は切り捨て，50円以上100円未満は100円に切り上げていた。一元化後は，50銭未満の端数は切り捨て，50銭以上1円未満は1円に切り上げて端数処理を行う。

ⓐ100円単位

　老齢基礎年金の満額，遺族基礎年金，障害基礎年金（2級）の年金額，障害厚生年金（3級）の最低保障額，加給年金額，中高齢寡婦加算等。

ⓑ1円単位

　納付済月数等に応じた老齢基礎年金の年金額，寡婦年金，加入期間に応じた老齢厚生年金額と障害厚生年金および遺族厚生年金の年金額，振替加算，経過的寡婦加算，職域年金相当部分，障害基礎年金（1級）。

④ワンストップサービスの実施

　一元化前には，厚生年金と共済年金の両方の制度に加入していた人は年金事務所と各種共済組合の両方に年金請求書を提出していた。

　一元化後は，ワンストップサービスとして年金の請求先が1ヵ所のみとなった（老齢給付については170頁参照）

　共済組合期間を有する人が一元化前に死亡した場合には，遺族共済年金が支給されていたが，一元化後に死亡した場合には，原則として遺族厚生年金が支給される。

　遺族厚生年金の請求も原則としてワンストップサービスの対象となり，全国の年金事務所等，各共済組合の窓口でも年金請求書の提出ができる。ただし，遺族厚生年金の決定と支払いは，一元化前と同様に，それぞれの種別の各実施機関が行い，各実施機関から年金証書が送付される。また，一元化後に死亡した場合でも恩給期間を有する人は，共済組合で手続きを行い，共済年金が決定される。

③年金の種類と保険料の仕組み

◇要するに……

公的年金制度は，一元化後国民年金と厚生年金の２つになった。

一元化前の公的年金制度		老　齢	障　害	遺　族
国　民　年　金		老齢基礎年金 付加年金	障害基礎年金	遺族基礎年金 寡婦年金・死亡一時金
厚　生　年　金		老齢厚生年金	障害厚生年金 障害手当金	遺族厚生年金
共済 組合	国家公務員共済組合 地方公務員共済組合 私立学校教職員共済制度	退職共済年金	障害共済年金 障害一時金	遺族共済年金

一元化後の公的年金制度		老　齢	障　害	遺　族
国民年金		老齢基礎年金 付加年金	障害基礎年金	遺族基礎年金 寡婦年金・死亡一時金
厚生年金	一般厚年　民間の 会社員	老齢厚生年金	障害厚生年金 障害手当金	遺族厚生年金
	国共済 厚年　　国家 公務員			
	地共済 厚年　　地方 公務員			
	私学共済 厚年　　私立学校 職員等			

※被用者年金制度一元化後，混乱を招かないように厚生年金の名称を区分して呼
ぶこととされた。

◇国民年金は基礎年金

国民年金はわが国に居住する20歳以上60歳未満の人すべてが強制
加入である。したがって被用者年金に加入する人は原則国民年金と
の二重加入となる。加入者は加入形態により３つに区分される。

右上表に見られるように第１号被保険者は，毎月または前納制度
等により国民年金保険料を直接納付しなければならない。第２号被
保険者および第３号被保険者は保険料の納付は不要であるが，厚生
年金から，次の算式により第２号被保険者および第３号被保険者の
数の割合に応じて算出された基礎年金拠出額が国民年金（基礎年金

勘定）に拠出されている。

--- 算式 ---

$$\begin{array}{l}\text{基礎年金の給付に} \\ \text{要する費用に充て} \\ \text{るための額}\end{array} \times \dfrac{\begin{array}{l}\text{被用者年金制度の} \\ \text{被保険者総数} \\ \text{(第2号被保険者総数)}\end{array} + \begin{array}{l}\text{左の被扶養配偶者の} \\ \text{総数} \\ \text{(第3号被保険者総数)}\end{array}}{\text{国民年金の被保険者総数(第1号〜第3号被保険者総数)}}$$

	加入者	保険料納付
第1号被保険者	農業，自営業者等 （学生も20歳以上は該当）	必要（月16,980円） 令和6年度
第2号被保険者	厚生年金の加入者 （原則65歳未満の者）※1	不要（被用者年金から拠出）
第3号被保険者	第2号被保険者の被扶養配偶者 （20歳以上60歳未満）※2	不要（被用者年金から拠出）

※1 原則65歳以上の被用者年金制度の老齢・退職年金の受給権のある被保険者あるいは組合員等は，第2号被保険者とならない。
※2 令和2年4月から，第3号被保険者に国内居住要件が導入された。（特例の適用制度あり）

◇厚生年金は標準報酬月額が基本

前述の被用者年金の保険料は毎年の標準報酬月額および標準賞与額（上限150万円／回）をもとに計算される。通常は毎年7月1日から10日までの間に「被保険者報酬月額算定基礎届」に4月，5月，6月の報酬の額を記入して届け出る。

これをもとに，原則その年の9月から翌年の8月までの標準報酬月額を決め，保険料率を適用して毎月の保険料を算出する。

保険料は被保険者と事業主が折半して負担する。

保険料＝標準報酬月額×保険料率＋標準賞与額×保険料率

一元化後の公的年金制度		被保険者種別	保険料率 （令和6年4月現在）
厚生年金	一般厚年　民間の会社員	第1号厚生年金被保険者	18.300%
	国共済厚年　国家公務員	第2号厚生年金被保険者	18.300%
	地共済厚年　地方公務員	第3号厚生年金被保険者	18.300%
	私学共済厚年　私立学校職員等	第4号厚生年金被保険者	17.540%

※第1号厚生年金被保険者のうち坑内員・船員についても，18.300%となり，固定された。
※私学共済厚年の保険料率は，毎年度0.354%段階的に引き上げられ令和9年4月に18.300%となるまで継続される。

４ 国民年金保険料免除制度

◇要するに……
　国民年金の第１号被保険者が保険料の納付が困難であるときには，次のような免除制度がある。

◇法定免除
　次のいずれかに該当するときは，保険料の納付を免除される。
・障害基礎年金等（原則，１級または２級）を受けているとき
・生活保護法による生活扶助を受けているとき　等
　法定免除は，基準に該当するときは遡って免除を受けることができる。ただし，市区町村の国民年金課等に届出が必要である。
　平成21年３月までの法定免除された期間は本来の老齢基礎年金額の３分の１が支給され，平成21年４月以降の期間については本来の老齢基礎年金額の２分の１が支給される。

◇全額（一部）申請免除
　市区町村の国民年金課等で申請し承認されると保険料の納付が免除される。平成26年４月以降は，所得基準を満たしていれば過去２年分まで遡及して保険料が免除される（半額申請免除等も同じ）。
　全額免除期間の老齢基礎年金額は，法定免除の場合に同じ。全額免除のほか，半額免除，４分の１免除および４分の３免除の制度がある。いずれも市区町村の国民年金課等で申請し承認されると保険

全額・一部免除となる世帯構成別の所得基準の目安（令和３年７月以降）

世帯構成	全額免除	一部免除		
		3/4免除	1/2免除	1/4免除
4人世帯（夫婦, 子2人）	172万円	240万円	292万円	345万円
2人世帯（夫婦のみ）	102万円	152万円	205万円	257万円
単身世帯	67万円	103万円	151万円	199万円

※申請の時期によって，前々年の所得で審査を行う場合がある。

料が免除される。

◇学生納付特例制度

　学生（夜間部，通信課程等を含む）である第1号被保険者本人の前年の所得が一定額以下であれば，申請により国民年金保険料の納付が免除される。この制度の利用期間中に障害者となった場合などは，障害基礎年金等が支給される。原則，申請した年度の4月から次の年の3月までで，既に保険料を納付している期間を除き，学生納付特例制度の適用対象期間となる。

　また，申請時から遡って最大2年1ヵ月間のうちに未納期間があり，その間について基準を満たしているときは，学生納付特例制度の適用を受けることができる。なお，毎年度，学年ごとに更新の手続きが必要。所得の基準は，半額免除と同基準で審査される。

◇保険料納付猶予制度

　50歳未満の人に対して適用される制度で，令和12年6月までの時限措置である。50歳未満の人に限って，本人およびその配偶者の前年の所得を基準として，申請により保険料を猶予する制度である。

※学生納付特例制度および保険料納付猶予制度を利用した期間は，追納しなければ老齢基礎年金の受給資格期間としては，カラ期間に算入されるだけで年金額には反映されない。

◇国民年金保険料の納付可能期間（後納制度）

　国民年金保険料が納付できるのは，過去2年以内が原則である。平成27年10月からは，直近の過去5年間の保険料を納付することができる後納制度があったが，平成30年9月30日までの時限措置であったので，現在は終了している。

◇第1号被保険者に対する産前産後期間の保険料免除（平成31年4月1日施行）

　具体的な制度については188頁を参照する。

5 老齢基礎年金の受給要件

◇要するに……

1. 老齢年金は、老齢基礎年金の受給要件を満たしていなければ、老齢基礎年金だけでなく老齢厚生年金も受けることができない。

2. 平成29年8月からは、原則として国民年金の保険料納付済期間が10年以上ある人が、65歳に達したときに老齢基礎年金が受けられることになった。平成29年7月31日までは、国民年金保険料納付済期間が原則25年以上あることが要件だったので、それまでに65歳に達していても、保険料納付済期間が10年以上25年未満の人は老齢基礎年金を受給できなかったが、平成29年8月1日以降は10年以上あれば受給権が発生する。

◇国民年金だけの人の場合

国民年金は、昭和36年4月1日に保険料の徴収を開始した。この日に19歳以下の人(昭和16年4月2日以降生まれ)は、20歳から60歳までの40年間、国民年金に加入することが可能であり、このうち10年以上(平成29年7月までは25年以上)保険料納付済期間があれば、老齢基礎年金が受給できる。

◇国民年金・共済年金の加入期間がある人の場合

老齢基礎年金の受給資格要件の保険料納付済期間の10年を見る場合、被用者年金制度(厚生年金、船員保険および平成29年7月までの共済年金制度を含む)の加入期間を含めることができ、公的年金制度の加入期間を合算して10年以上(平成29年7月までは25年以上)保険料納付済期間があれば、老齢基礎年金が受給できる。

■平成29年7月までの老齢基礎年金の受給資格の特例

(1)昭和5年4月1日までに生まれた人の特例

昭和5年4月1日以前に生まれた人は、国民年金発足時に31歳以上だったため25年加入が難しい場合もあることから、生年月日に応

じて，保険料納付済期間と保険料免除期間（学生の納付特例，保険料納付猶予制度を除く）を合算して次の期間以上あれば，老齢基礎年金が受給できる。

生年月日により21年～24年に資格期間が短縮されており，年数は昭和36年4月から60歳になるまでの年数から5年を差し引いたものとなっている。

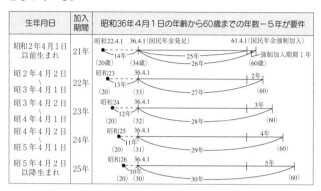

（2）被用者年金制度の加入期間の特例

旧法の厚生年金では，20年以上の加入で老齢年金が支給されていた。昭和61年4月1日の国民年金の基礎年金化で，厚生年金加入者も国民年金に強制加入となったが，老齢基礎年金の資格期間は25年であり，厚生年金の期間と合算する必要がある。ところが，昭和61年4月1日以前に30歳以上（昭和31年4月1日以前生まれ）の人は25年加入が難しい場合がある。それで，被用者年金制度の加入期間（厚生年金，船員保険，共済組合等の加入期間）のある人は，生年月日に応じて，被用者年金制度の加入期間が次に掲げる期間以上あれば，老齢基礎年金が受給できる。

生年月日	資格期間	昭和61年4月の年齢から60歳までの年数－5年が要件
昭和27年4月1日以前生まれ	20年	昭和47.4.1　　　　61.4.1 ●------●――――――●　● (20歳)　14　(34歳)　25年　(60歳)
昭和27年4月2日～昭和28年4月1日	21年	昭和48.4.1　　　　61.4.1 ●------●――――――●　● (20歳)　13　(33歳)　26年　(60歳)
昭和28年4月2日～昭和29年4月1日	22年	昭和49.4.1　　　　61.4.1 ●------●――――――●　● (20歳)　12　(32歳)　27年　(60歳)
昭和29年4月2日～昭和30年4月1日	23年	昭和50.4.1　　　　61.4.1 ●------●――――――●　● (20歳)　11　(31歳)　28年　(60歳)
昭和30年4月2日～昭和31年4月1日	24年	昭和51.4.1　　　　61.4.1 ●------●――――――●　● (20歳)　10　(30歳)　29年　(60歳)
昭和31年4月2日以降生まれ	25年	昭和52.4.1　　　　61.4.1 ●------●――――――●　● (20歳)　9　(29歳)　30年　(60歳)

（3）厚生年金の中高齢の特例

旧法では，男性は40歳以上，女性は35歳以上（坑内員，船員も同様）以後に生年月日に応じて15年～19年以上厚生年金（平成29年8月以降は第1号厚生年金被保険者期間に限る）に加入すると老齢年金が受給できた。新法でもこの制度が生きており，老齢基礎年金が受給できる。この制度は昭和22年4月2日以降生まれの人から必要な期間が延長され，昭和26年4月2日以降生まれから廃止された。

	資格期間		資格期間
昭和22年4月1日以前生まれ	15年	昭和24年4月2日～昭和25年4月1日	18年
昭和22年4月2日～昭和23年4月1日	16年	昭和25年4月2日～昭和26年4月1日	19年
昭和23年4月2日～昭和24年4月1日	17年		

※上記の（1）～（3）までの老齢年金の受給資格の特例は，「年金機能強化法」により平成29年8月から老齢基礎年金の受給資格期間が25年から10年に短縮されたことにより，老齢基礎年金については適用する必要がなくなった。なお，遺族厚生年金等の支給要件のうち，長期要件（保険料納付済期間と保険料免除期間を合算した期間が25年以上あるものの死亡のとき）を見るときには適用されることになる。

令和6年4月からの年金額一覧

（　）内は月額換算した額

	令和6年4月〜			
	新規裁定者	既裁定者		
	昭和32年4月2日以後生まれ	昭和31年4月2日〜昭和32年4月1日生まれ※	昭和31年4月1日以前生まれ	
	（年額）　　（月額）	（年額）　　（月額）	（年額）　　（月額）	
【国民年金】				
老齢基礎年金	816,000円　（68,000円）		813,700円　（67,808円）	
障害基礎年金（1級）	1,020,000円　（85,000円）	新規裁定者（昭和32年4月2日以後生まれ）と同額	1,017,125円　（84,760円）	
（2級）	816,000円　（68,000円）		813,700円　（67,808円）	
遺族基礎年金（子1人）	1,050,800円　（87,566円）		1,048,500円　（87,375円）	
基本	816,000円　（68,000円）		813,700円　（67,808円）	
加算	234,800円　（19,566円）		【新規裁定者と同額】	
3子以降の加算	78,300円　（6,525円）		【新規裁定者と同額】	
5年年金（旧法）	該当者なし	該当者なし	420,800円　（35,066円）	
障害年金（1級）（旧法）	1,020,000円　（85,000円）	【新規裁定者と同額】	1,017,125円　（84,760円）	
（2級）（旧法）	816,000円　（68,000円）		813,700円　（67,808円）	
老齢福祉年金	該当者なし	該当者なし	416,900円　（34,741円）	
【厚生年金】				
標準的な年金額※	夫婦2人とも昭和31年4月2日以後生まれ		夫婦2人とも昭和31年4月1日以前生まれ	
（夫婦2人の老齢基礎年金を含む）	2,765,805円（230,483円）		2,757,742円（229,811円）	
障害厚生年金（3級、最低保障）	612,000円　（51,000円）	【新規裁定者と同額】	610,300円　（50,858円）	
障害手当金（最低保障）	1,224,000円（102,000円）		1,220,600円（101,716円）	
障害年金・遺族年金（最低保障、旧法）	816,000円　（68,000円）	【新規裁定者と同額】	813,700円　（67,808円）	

※平均的な収入（平均標準報酬（賞与を含む月額換算）43.9万円で40年間就業した場合に受け取り始める年金（老齢厚生年金と2人分の老齢基礎年金（満額））の給付水準。
※令和6年度中に68歳に達する方（昭和31年4月2日〜昭和32年4月1日の生まれの方）は、既裁定者に該当するが、本年度の年金額改定率が新規裁定者の改定率（1.045）と同率となるため本年度の新規裁定者の年金額と同額となる。

6 老齢基礎年金の受給資格期間の短縮

◇受給資格期間が10年に短縮

　平成29年8月1日からは，老齢基礎年金を受給するためには，保険料納付済期間（国民年金の保険料の他に厚生年金，共済組合等の加入期間を含む）と国民年金の保険料免除期間および合算対象期間（カラ期間）を合算した受給資格期間が10年以上あれば受給できるようになった。同年7月31日までは，保険料納付済期間等が25年以上ないと受給資格期間不足で年金を受給できなかった。

　受給資格期間の大幅な短縮に伴い，老齢基礎年金の他に，老齢厚生年金，退職共済年金，寡婦年金と，これに準ずる旧法老齢年金も対象となる。

　改正法施行前日において高齢の無年金者のうち年金加入期間等が10年以上ある場合，老齢年金の受給権が平成29年8月1日に発生し，平成29年9月分から年金が支給された。

　また，受給資格期間が10年未満の人でも，国民年金の任意加入等により，10年を満たせば年金受給することができるようになる場合がある。ただし，遺族基礎年金・遺族厚生年金の長期要件は25年のままなので，受給資格期間が25年未満で10年短縮の老齢年金の受給権者が死亡しても遺族年金が受給できない場合がある。

◇受給資格期間の10年とは

　公的年金すべての加入期間が合算で10年以上あればよい。実際に保険料を払った期間のほか，「免除期間」と，「カラ期間」が含まれる。
①保険料免除期間とは

　保険料免除期間とは，国民年金の保険料の納付を免除された期間を合算した期間で，これには国民年金法の規定に該当するために納付を免除された期間と，申請によって納付を免除された期間とがある。

・法定免除期間…障害年金1級または2級の受給者，生活保護等の生活扶助を受けている者，法定の療養所等に収容されているとき

に認められる。

・申請免除期間（各種免除期間を含む）…所得がないとき等，保険料を納付することが著しく困難との理由で申請し，認められた期間。
・学生納付特例制度の期間…（43頁参照）
・保険料納付猶予制度の期間…（43頁参照）

　学生納付特例と保険料納付猶予の期間については，障害基礎年金および遺族基礎年金等の保険料納付要件を見るときには，全額免除期間と同様に扱われる。

②カラ期間とは

　国民年金に任意加入できるがしなかった期間，その期間は年金額に反映されないが，受給資格期間を見るのに使える。

・平成3年3月までの間で学生だった期間，昭和36年4月～昭和61年3月までの間でサラリーマン等の配偶者，海外居住者が国民年金に任意加入しなかった期間等
・厚生年金の「脱退手当金」をもらった期間のうち，昭和36年4月以後の期間
・昭和36年4月～昭和56年12月までの間で国内に住む外国籍の人が加入できなかった期間
・学生納付特例制度を利用したが，保険料を追納しなかった期間
・保険料納付猶予制度を利用し，保険料を追納しなかった期間
・任意加入したが保険料が未納となっている期間（20歳以上60歳未満の間に限られ，平成26年4月から適用開始）　など

◇受給資格期間が10年未満の場合

　老齢基礎年金は受給できず，もちろん老齢厚生年金も受給できない。この場合，次の手段のいずれかで資格を満たすことを考える。

---

①国民年金に任意加入する（60歳以上65歳まで加入できる。それでも受給資格期間が不足する場合，昭和40年4月1日以前生まれの人は受給資格期間を満たすまで，最大限70歳になるまで加入が可能）
②勤めに出て厚生年金の被保険者（第1号～第4号）は70歳になるまで強制加入（70歳になっても受給権がない場合，一定の条件下でその後も加入可）
※国民年金の保険料後納制度は，平成30年9月30日までの時限措置であったため，現在は終了している

---

7 老齢基礎年金の年金額

◇要するに……

　国民年金保険料は定額が原則であるが，国民が年金保険料を支払いやすくするため，多段階免除制度が導入され，現在では収入に応じ一定の保険料が免除される仕組みになっている（42頁参照）。また，平成21年4月以降は，国庫負担率が3分の1から2分の1に引き上げられたので，給付面で，全額免除は2分の1，4分の1免除は8分の7，半額免除は4分の3，4分の3免除は8分の5と，それぞれ計算される。老齢基礎年金の年金額の計算は次の計算式で行う。

平成21年3月までの期間		
816,000円 ×（令和6年度）	$\dfrac{\left(\begin{array}{c}保険料\\納付済\\月数\end{array}\right)+\left(\begin{array}{c}保険料\\全額免除月数\\\times 1/3\end{array}\right)+\left(\begin{array}{c}保険料\\3/4免除月数\\\times 1/2\end{array}\right)+\left(\begin{array}{c}保険料\\1/2免除月数\\\times 2/3\end{array}\right)+\left(\begin{array}{c}保険料\\1/4免除月数\\\times 5/6\end{array}\right)}{加入可能年数×12月}$	

平成21年4月以降の期間		
816,000円 ×（令和6年度）	$\dfrac{\left(\begin{array}{c}保険料\\納付済\\月数\end{array}\right)+\left(\begin{array}{c}保険料\\全額免除月数\\\times 1/2\end{array}\right)+\left(\begin{array}{c}保険料\\3/4免除月数\\\times 5/8\end{array}\right)+\left(\begin{array}{c}保険料\\1/2免除月数\\\times 3/4\end{array}\right)+\left(\begin{array}{c}保険料\\1/4免除月数\\\times 7/8\end{array}\right)}{加入可能年数×12月}$	

◇満額支給額は81万6,000円（令和6年度価格　昭和31年4月2日以後生まれの場合）

　老齢基礎年金は，原則として40年（20歳の誕生月から60歳の誕生月の前月まで）保険料を納付して81万6,000円を受給できる。昭和60年改正で老齢基礎年金の額は40年加入で60万円とした。この価額に物価スライドと法律改正が加わり，現在81万6,000円となっている。

　令和6年度の老齢基礎年金の満額の額が，昭和31年4月2日以後生まれの方の額と昭和31年4月1日以前生まれの方では異なる額となった（昭和31年4月1日以前生まれは81万3,700円）。

◇加入可能年数

　昭和16年4月2日以後生まれの人は，昭和36年4月1日当時20歳以下なので加入可能年数は40年となる。

老齢基礎年金の満額支給額の推移

年　度	満額支給額（月額）	物価スライド率
昭和60年（法案成立）	600,000円（50,000円）	1.000
昭和61年（施行）	622,800円（51,900円）	1.038
平成元年（元年改正法）	666,000円（55,500円）	1.000
平成 6 年（ 4 月～10月）	747,300円（62,275円）	1.122
（ 6 年改正法）	780,000円（65,000円）	1.000
平成 7 年～平成 9 年	785,500円（65,458円）	1.007
平成10年	799,500円（66,625円）	1.025
平成11年	804,200円（67,017円）	1.031
平成12年（12年法改正）～平成14年	804,200円（67,017円）	1.000
平成15年	797,000円（66,417円）	0.991
平成16年～平成17年	794,500円（66,208円）	0.988
平成18年～平成21年	792,100円（66,008円）	0.985
平成22年	792,100円（66,008円）	0.985
平成23年	788,900円（65,741円）	0.981
平成24年	786,500円（65,541円）	0.978
平成25年　　 4 月～ 9 月	786,500円（65,541円）	0.978
10月～翌3月	778,500円（64,875円）	0.968
平成26年	772,800円（64,400円）	0.961
平成27年	780,100円（65,008円）	平成16年改正による
平成28年	780,100円（65,008円）	本来水準支給開始
平成29年～平成30年	779,300円（64,941円）	
平成31（令和元）年	780,100円（65,008円）	
令和 2 年	781,700円（65,141円）	
令和 3 年	780,900円（65,075円）	
令和 4 年	777,800円（64,816円）	
令和 5 年（新規裁定者）	795,000円（66,250円）	
（既裁定者）	792,600円（66,050円）	
令和 6 年（新規裁定者）	816,000円（68,000円）	
（既裁定者※）	813,700円（67,808円）	

※令和 6 年度においては，既裁定者のうち，昭和31年 4 月 2 日～昭和32年 4 月 1 日
　の生年月日の方の満額の額は，新規裁定者の額と同額（81万6,000円）となる。

生年月日	加入可能年数
大正15年 4 月 2 日～昭和 2 年 4 月 1 日	25年（300月）
昭和 2 年 4 月 2 日～昭和 3 年 4 月 1 日	26年（312月）
昭和 3 年 4 月 2 日～昭和 4 年 4 月 1 日	27年（324月）
昭和 4 年 4 月 2 日～昭和 5 年 4 月 1 日	28年（336月）
昭和 5 年 4 月 2 日～昭和 6 年 4 月 1 日	29年（348月）
昭和 6 年 4 月 2 日～昭和 7 年 4 月 1 日	30年（360月）
昭和 7 年 4 月 2 日～昭和 8 年 4 月 1 日	31年（372月）
昭和 8 年 4 月 2 日～昭和 9 年 4 月 1 日	32年（384月）
昭和 9 年 4 月 2 日～昭和10年 4 月 1 日	33年（396月）
昭和10年 4 月 2 日～昭和11年 4 月 1 日	34年（408月）
昭和11年 4 月 2 日～昭和12年 4 月 1 日	35年（420月）
昭和12年 4 月 2 日～昭和13年 4 月 1 日	36年（432月）
昭和13年 4 月 2 日～昭和14年 4 月 1 日	37年（444月）
昭和14年 4 月 2 日～昭和15年 4 月 1 日	38年（456月）
昭和15年 4 月 2 日～昭和16年 4 月 1 日	39年（468月）
昭和16年 4 月 2 日以後	40年（480月）

◇**保険料納付済月数**

　保険料を支払った期間。生年月日による加入可能年数×12月に不足する月数の割合に応じて老齢基礎年金の満額（令和6年度81万6,000円※）から減額される。保険料を免除された月数がある場合には，社会福祉的観点から，それぞれ次のように計算される。

①**保険料（全額）免除月数×3分の1（または2分の1）**

　保険料免除月数の3分の1または2分の1の月数を保険料納付済月数に加える。ただし，学生納付特例制度，保険料納付猶予制度を利用し追納しなかった期間は除かれる。

②**各種の保険料免除月数（半額免除，4分の1免除，4分の3免除）**

　平成12年改正により始まった保険料半額免除制度に加えて，平成18年7月から新たに保険料4分の1免除，保険料4分の3免除が実施された。平成21年4月に国庫負担割合が3分の1から2分の1になったことから，保険料免除期間がある場合の老齢基礎年金額の計算はより複雑となった。各種の保険料免除期間とその算入割合については，次のとおり。

保険料免除割合	国庫負担3分の1 （平成21年3月以前）	国庫負担2分の1 （平成21年4月以降）
全額免除	3分の1	2分の1
4分の3免除	2分の1	8分の5
半額免除	3分の2	4分の3
4分の1免除	6分の5	8分の7

　平成21年3月以前の期間は国庫負担3分の1，4月以降は2分の1とされたため，年金額の計算もそれぞれ分けて行われる。

③**付加保険料納付済月数×200円（付加年金）**

　付加保険料は月額400円だが，これを納めると納付済月数×200円の金額が年金額に上乗せされる。この場合は81万6,000円※より多くなることがある。なお，加給年金額対象者である厚生年金受給者の被扶養配偶者（要件あり）には，生年月日によって65歳から振替加算が加わる場合がある。

※受給者が昭和31年4月1日以前生まれのときは，老齢基礎年金の満額を81万3,700円（令和6年度）に読み替える。

⑧振替加算とは

◇要するに……

　大正15年4月2日以後昭和41年4月1日までに生まれた人で，老齢厚生年金または1級・2級の障害厚生年金に加算される加給年金額の対象配偶者が65歳になり老齢基礎年金の受給権を得れば，加給年金額は打ち切られ，配偶者に「振替加算」がつく。

◇加給年金額と振替加算

　旧法の厚生年金では，自分自身の老齢厚生年金に加給年金額がつく場合，その加給年金額は配偶者が65歳になっても受給できた。

　新法（昭和61年4月以降）では，被用者年金の加入者の配偶者も全員が国民年金に強制加入し，65歳から配偶者名義の老齢基礎年金を受けることになったので，加給年金額は配偶者が65歳になったときに打ち切られる。

　ところが旧国民年金制度では，被用者年金加入者の配偶者は任意加入であったことから，60歳近くまで任意加入しなかった人の年金額は非常に少なくなる。そこで加給年金額を配偶者の年金に振り替えて加算する経過措置を設けた。これが「振替加算」である。

　なお，昭和41年4月2日以後に生まれた人は新法が施行された昭和61年4月1日で19歳であり，40年の加入が可能なので振替加算はつかない。また，配偶者自身が長期の老齢厚生年金その他老齢給付を受けられるときは，振替加算はつかない。

生年月日		配偶者が65歳到達以後		
本人	配偶者	配偶者の老齢基礎年金	振替加算	本人の年金の加給年金額
大正15年4月1日以前	大正15年4月1日以前	×	×	○
	大正15年4月2日以後	○	×	○
大正15年4月2日以後	大正15年4月1日以前	×	×	○
	大正15年4月2日以後	○	○	×

※生年月日が大正15年4月1日以前の人には，昭和61年3月以前に老齢年金の受給権のある大正15年4月2日以後生まれの人を含む。
　○＝受けられる　×＝受けられない

配偶者の老齢基礎年金に対する振替加算（令和６年度価格）

（円単位）

配偶者の生年月日	計算式	実際の加算額 （年　額）
大正15年４月２日～昭和２年４月１日	234,100×1.000	234,100
昭和２年４月２日～昭和３年４月１日	234,100×0.973	227,779
昭和３年４月２日～昭和４年４月１日	234,100×0.947	221,693
昭和４年４月２日～昭和５年４月１日	234,100×0.920	215,372
昭和５年４月２日～昭和６年４月１日	234,100×0.893	209,051
昭和６年４月２日～昭和７年４月１日	234,100×0.867	202,965
昭和７年４月２日～昭和８年４月１日	234,100×0.840	196,644
昭和８年４月２日～昭和９年４月１日	234,100×0.813	190,323
昭和９年４月２日～昭和10年４月１日	234,100×0.787	184,237
昭和10年４月２日～昭和11年４月１日	234,100×0.760	177,916
昭和11年４月２日～昭和12年４月１日	234,100×0.733	171,595
昭和12年４月２日～昭和13年４月１日	234,100×0.707	165,509
昭和13年４月２日～昭和14年４月１日	234,100×0.680	159,188
昭和14年４月２日～昭和15年４月１日	234,100×0.653	152,867
昭和15年４月２日～昭和16年４月１日	234,100×0.627	146,781
昭和16年４月２日～昭和17年４月１日	234,100×0.600	140,460
昭和17年４月２日～昭和18年４月１日	234,100×0.573	134,139
昭和18年４月２日～昭和19年４月１日	234,100×0.547	128,053
昭和19年４月２日～昭和20年４月１日	234,100×0.520	121,732
昭和20年４月２日～昭和21年４月１日	234,100×0.493	115,411
昭和21年４月２日～昭和22年４月１日	234,100×0.467	109,325
昭和22年４月２日～昭和23年４月１日	234,100×0.440	103,004
昭和23年４月２日～昭和24年４月１日	234,100×0.413	96,683
昭和24年４月２日～昭和25年４月１日	234,100×0.387	90,597
昭和25年４月２日～昭和26年４月１日	234,100×0.360	84,276
昭和26年４月２日～昭和27年４月１日	234,100×0.333	77,955
昭和27年４月２日～昭和28年４月１日	234,100×0.307	71,869
昭和28年４月２日～昭和29年４月１日	234,100×0.280	65,548
昭和29年４月２日～昭和30年４月１日	234,100×0.253	59,227
昭和30年４月２日～昭和31年４月１日	234,100×0.227	53,141
昭和31年４月２日～昭和32年４月１日	234,800×0.200	46,960
昭和32年４月２日～昭和33年４月１日	234,800×0.173	40,620
昭和33年４月２日～昭和34年４月１日	234,800×0.147	34,516
昭和34年４月２日～昭和35年４月１日	234,800×0.120	28,176
昭和35年４月２日～昭和36年４月１日	234,800×0.093	21,836
昭和36年４月２日～昭和37年４月１日	234,800×0.067	15,732
昭和37年４月２日～昭和38年４月１日	234,800×0.067	15,732
昭和38年４月２日～昭和39年４月１日	234,800×0.067	15,732
昭和39年４月２日～昭和40年４月１日	234,800×0.067	15,732
昭和40年４月２日～昭和41年４月１日	234,800×0.067	15,732
昭和41年４月２日以降	———	———

昭和31年４月２日以降生まれ234,800円×乗率，それ以前234,100円×乗率

⑨老齢基礎年金の繰上げ支給・繰下げ支給

◇要するに……

　老齢基礎年金は65歳支給が原則だが，60歳以上65歳未満の繰上げ，66歳以上75歳（生年月日により70歳）の繰下げで受けることができる。この場合，繰上げは減額率，繰下げは増額率がともに一生適用される。昭和16年4月2日以後生まれの人の増減率は以下のとおりである。

◇昭和16年4月2日～昭和37年4月1日に生まれた人の繰上げ支給

> 減額率＝（繰上げ請求月から65歳到達の前月までの月数×△0.5％）

　昭和16年4月1日以前生まれの人に比べ減額率が大幅に緩和され，ほぼ男性の現時点での平均寿命を基準としたものになった。60歳到達月に繰上げ請求した場合の減額率を30％（12％改善）とし，それまでの年単位から月単位に変わり1ヵ月遅く請求するごとに0.5％ずつ増額する。例えば60歳11月で請求すると，減額率は24.5％（△0.5％×49ヵ月）となる。

◇昭和37年4月2日以後生まれの人の繰上げ支給

> 減額率＝（繰上げ請求月から65歳到達の前月までの月数）×△0.4％

　令和2年の年金法改正により，減額率の緩和が実施された。令和4年4月から繰上げ減額率が1ヵ月あたり，それまでの0.5％から0.4％となり，その結果減額率が最大30％から最大24％になった。ただし，新たな減額率の対象となるのは，令和4年3月31日時点で60歳未満の人，つまり昭和37年4月2日以後生まれの人となることに注意が必要である。

繰上げ支給請求時の注意

①繰上げ支給を受けると一定の額が減ぜられ，その額は65歳に達しても引き上げられずに一生減額された年金を受けることになる
②繰上げ支給を受けている人が，遺族厚生年金の受給権を得たとき，2つの年金のどちらかを選択しなければならない（65歳からは併給可）
③受給権が発生した後は，請求の取消または変更ができない
④繰上げ請求をすると，厚生年金保険の被保険者である場合を除いて障害基礎年金の受給権は発生しない
⑤寡婦年金の受給権は発生しない

繰上げ請求の減額率

繰上げ請求時の年齢	昭和16年4月2日～昭和37年4月1日生まれの人		昭和37年4月2日以後生まれの人	
	繰上げ支給率	減額率	繰上げ支給率	減額率
60歳0月～11月	70.0～75.5%	△30.0～△24.5%	76.0～80.4%	△24.0～△19.6%
61歳0月～11月	76.0～81.5%	△24.0～△18.5%	80.8～85.2%	△19.2～△14.8%
62歳0月～11月	82.0～87.5%	△18.0～△12.5%	85.6～90.0%	△14.4～△10.0%
63歳0月～11月	88.0～93.5%	△12.0～△6.5%	90.4～94.8%	△9.6～△5.2%
64歳0月～11月	94.0～99.5%	△6.0～△0.5%	95.2～99.6%	△4.8～△0.4%

◇昭和16年4月2日以後に生まれた人の繰下げ支給

　繰下げ請求をした場合の増額率を算出する際，昭和16年4月2日以後に生まれた人については月単位で行われ，増額率は65歳到達月から繰下げ請求をした月の前月までの月数に，0.7%を乗じて得た率となる。

　また，昭和17年4月2日以後生まれの人は，老齢基礎年金と老齢厚生年金の繰下げ請求は，同時にする必要はなく，どちらか一方のみ，または両方を繰下げ請求することもできる。

増額率＝(65歳到達月から繰下げ請求月の前月までの月数)×0.7%

　ただし，繰下げ請求できる上限年齢は，昭和16年4月2日～昭和27年4月1日生まれの人の場合，70歳到達月までとなり，令和2年改正により令和4年4月1日以降は昭和27年4月2日以後生まれの人から上限年齢が75歳到達月までとされた。

繰下げ請求の増額率

繰下げ請求時の年齢	昭和16年4月2日～昭和27年4月1日生まれの人		昭和27年4月2日以後生まれの人	
	繰下げ支給率	増額率	繰下げ支給率	増額率
66歳0月～11月	108.4～116.1%	8.4～16.1%	108.4～116.1%	8.4～16.1%
67歳0月～11月	116.8～124.5%	16.8～24.5%	116.8～124.5%	16.8～24.5%
68歳0月～11月	125.2～132.9%	25.2～32.9%	125.2～132.9%	25.2～32.9%
69歳0月～11月	133.6～141.3%	33.6～41.3%	133.6～141.3%	33.6～41.3%
70歳0月～11月	142.0%	42.0%（上限）	142.0～149.7%	42.0～49.7%
71歳0月～11月	142.0%	42.0%（上限）	150.4～158.1%	50.4～58.1%
72歳0月～11月	142.0%	42.0%（上限）	158.8～166.5%	58.8～66.5%
73歳0月～11月	142.0%	42.0%（上限）	167.2～174.9%	67.2～74.9%
74歳0月～11月	142.0%	42.0%（上限）	175.6～183.3%	75.6～83.3%
75歳0月～	142.0%	42.0%（上限）	184%	84.0%（上限）

(注)昭和16年4月2日～昭和17年4月1日生まれの人（平成19年4月1日前に老齢厚生年金の受給権が発生する人に該当するので）は，老齢厚生年金の繰下げ請求をすることができず，老齢基礎年金のみが対象となる。

◇繰下げ支給の取扱いの見直し

①平成26年4月の改正

　平成26年4月からは，改正により70歳に達した後に繰下げ支給を申し出た場合，70歳到達時点で繰下げの申出があったものとみなして，70歳到達月の翌月分からの年金が支給される。本ケースでは，増額率42％で計算された70歳から1年分の年金が一括して支給され，それ以降は増額された年金が支給される。この場合の増額率は最大の42％で一定となり，年金支給の5年の時効は適用され，さかのぼって支給されるのは最大で過去5年分のみとなる。この取扱いは，老齢基礎年金・老齢厚生年金いずれの繰下げ支給の場合にも適用される。

（平成26年4月改正後）

さかのぼって申出があったとみなす

支給繰下げの申出

42％（0.7％×60月）増の年金が受給できる

▲65歳　　▲70歳　　▲71歳

②令和4年4月の改正

　令和4年4月から繰下げ支給の上限年齢が70歳から75歳に引き上げられたことに伴い，75歳に達した日後に繰下げ支給の申出があった場合，75歳到達時点で繰下げの申出があったものとみなされて，84％（0.7％×120月）増額された年金が支給される。この場合，75歳以後の繰下げの申出をしたときまでの年金は，さかのぼって一括して支給される。ただし，5年の時効が適用されるため，最大で過去5年分のみとなる。

　この改正が適用されるのは，繰下げ支給の上限年齢の引上げが適用される昭和27年4月2日以後生まれの人（令和4年3月31日時点で70歳未満の人）となる。

（令和4年4月改正後）

対象者：昭和27年4月2日以後生まれの人

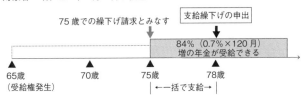

③令和5年4月の改正（特例的な繰下げみなし増額制度。詳細は192頁参照）

現行の仕組みでは，70歳到達日以降に本来請求（繰下げ請求をせず65歳時点での年金額での請求）を選択した場合，5年の時効の適用を受け，過去分の年金のうち支給されない年金が生じる。

令和4年4月からの繰下げ上限年齢の引上げで，昭和27年4月2日以後生まれの人は，75歳まで繰下げ請求が可能となったことで，受給権発生後5年を経過した後の本来請求では支給されない年金額が増えることになってしまう。

このため，新たに特例的な繰下げみなし増額制度を導入し，本来の年金を請求した時点の5年前に繰下げの申出があったものとみなして，65歳から5年前までの間の月数に応じて繰下げ増額率を乗じた年金額で過去5年分を一括して支給することとされた。ただし，対象者は繰下げ上限年齢の75歳が適用される昭和27年4月2日以後生まれの人に限られるので注意が必要である。

（令和5年4月改正後）

対象者：昭和27年4月2日以後生まれの人

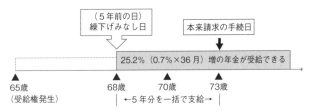

⑩老齢基礎年金の計算例

◇**要するに……**

　年金の計算式で得た金額は，50銭未満であれば切り捨て，50銭以上は１円に切り上げる（令和６年度は，昭和31年４月２日以後生まれの方と昭和31年４月１日以前生まれの方では，基礎年金額が異なるが，事例では，いずれも昭和31年４月２日以後生まれの方としての額で表記する）。

◇**事例研究**

> 　昭和34年５月14日生まれの自営業者（独身）。国民年金は昭和55年２月から納付し，保険料は60歳の誕生月の前月（平成31年４月）までずっと納め続けてきた。その間，平成４年４月から付加保険料も一緒に最後まで納め続けた。65歳からの年金額はいくらか。

$$816,000円 \times \frac{39年 \times 12月 + 3月 = (471月)}{40年 \times 12月 = (480月)} + 200円 \times 325月 = 800,700円 + 65,000円 = 865,700円$$

　保険料納付済期間は昭和55年２月から平成31年４月までの471月となる。この場合，加入可能年数は40年（480月）であるので，老齢基礎年金の計算式は，満額の81万6,000円に480分の471を乗じて計算される。また，付加保険料の納付済期間は平成４年４月から平成31年４月までの325月となる。付加年金の額は付加保険料の納付月数に200円を乗じた額となり，老齢基礎年金と一緒に支給される。よって，合計86万5,700円（月額７万2,141円）となる。

> 　昭和34年９月14日生まれ。国民年金保険料の納付済期間は30年で，全額免除期間が１年（平成22年４月〜平成23年３月）あるが，年金額はいくらか。

$$816,000円 \times \frac{30年 \times 12月 + 12月 \times \frac{1}{2}(=366月)}{40年 \times 12月(=480月)} = 622,200円$$

　平成21年４月以後に保険料全額免除月数がある場合は，その月数の２分の１を保険料納付済月数に加える。（平成21年３月以前の全

額免除期間については，3分の1を保険料納付済月数に加える）。

◇厚生年金受給者の配偶者には振替加算がつく

> 昭和34年4月19日生まれの主婦。国民年金には昭和54年4月から平成2年3月までの11年間の保険料納付済期間と平成10年4月から60歳に到達する月の前月の平成31年3月までの21年間（第3号被保険者）加入している。夫は65歳からの老齢基礎年金と厚生年金加入歴20年以上の老齢厚生年金を受給。年金額はいくらか。

$$816,000円 \times \frac{11年 \times 12月 + 21年 \times 12月 (= 384月)}{40年 \times 12月 (= 480月)} = 652,800円$$

老齢基礎年金652,800円に，振替加算が2万8,176円つく（54頁参照）。
652,800円 + 28,176円 = 680,976円

したがって，68万976円（月額5万6,748円）が年金額である。

◇繰上げ支給，繰下げ支給

> ケース①：昭和39年8月8日生まれ。国民年金保険料納付済月数は28年4ヵ月。65歳から支給される年金を61歳0月で繰上げ受給した場合の年金額はいくらか。

65歳からの年金額は，

$$816,000円 \times \frac{28年 \times 12月 + 4月 (= 340月)}{40年 \times 12月 (= 480月)} = 578,000円$$

61歳0月で繰上げ受給した場合（繰上げ減額率0.4% × 48月 = 19.2%）
578,000円 × 80.8% = 467,024円

> ケース②：昭和32年5月5日生まれ。国民年金保険料は昭和52年5月から60歳まで完納。この人が68歳0月から繰下げ受給する場合の年金額はいくらか。

・65歳からの年金額は81万6,000円の満額（原則どおりの受給）。
・68歳になる月に繰下げ受給する場合は125.2%に年金額が増加する（繰下げ増額率 = 0.7% × 36月 = 25.2%）。
816,000円 × 125.2% = 1,021,632円

なお，ケース②の生年月日の人は最大75歳に達するまで繰下げ支給の選択ができる。

◇要するに……

　老齢厚生年金は厚生年金の被保険者期間があり，老齢基礎年金の受給資格期間を満たした人が，厚生年金の加入期間が1年以上あれば60歳から64歳の間の支給開始年齢から，1年未満の場合は65歳から支給される。一般厚年の老齢厚生年金の支給開始年齢は昭和28年4月2日以後生まれの男性から段階的に61歳から65歳へ引き上げられる（第1号厚年の女性は5年遅れ。65頁参照）。

◇**老齢厚生年金の組立て**

　※報酬比例部分＝①＋②
　①平均標準報酬月額×給付乗率×平成15年3月までの加入月数
　②平均標準報酬額×給付乗率×平成15年4月以降の加入月数
　（注）平成27年度から，平均標準報酬月額および平均標準報酬額算出時の再評価率には平成12年改正後の率を使用する（本来水準による）。

◇**特別支給の老齢厚生年金**

　特別支給の老齢厚生年金の定額部分は，給与や支払った保険料に関係なく定額単価に改定率を掛けてさらに加入月数（生年月日により上限あり）を乗じて算出。加入月数が同じなら月収が異なっても同じ年金額になるため定額部分という。

　報酬比例部分は，平成15年3月までの被保険者期間については，在職中の月収（報酬）のみに応じて計算される月当たりの平均賃金（平均標準報酬月額）に給付乗率と加入月数で算出した額，さらに平成15年4月以降の被保険者期間については，月収と賞与額を含む賃

金を合計し，平成15年4月以降の加入月数で除した額（平均標準報酬額）に給付乗率と加入月数で算出した額との合算額となる。

◇65歳からの老齢厚生年金

老齢厚生年金は，老齢基礎年金の受給資格がある人に厚生年金の加入期間が1ヵ月以上あれば，老齢基礎年金と一緒に支給される。

◇加給年金額

加給年金額は，厚生年金の被保険者期間が原則20年（第1号～第4号厚生年金期間を合算）以上あれば，生計を維持されている65歳未満の配偶者（事実婚も含む），18歳到達年度の末日までの間にある子，20歳未満で障害のある子がいる場合は定額部分の支給開始年齢以後または生年月日により65歳から加算される。

ただし，配偶者が65歳未満であっても，配偶者自身が厚生年金の被保険者期間が20年以上の老齢厚生年金の受給権を有していないことが必要である。

◇加給年金額の特別加算

配偶者の加給年金額に特別加算が加わる（特別加算額は77頁参照）。これは，老齢厚生年金の定額単価，乗率が次第に引き下げられることで年金額が低くなってしまうため，配偶者が65歳に達し老齢基礎年金を受けるまでの間，特別加算によって補おうというもの。

◇経過的加算

老齢基礎年金が定額部分より低額になってしまうのでその差額を支給するのが「経過的加算」である。また，厚生年金の被保険者期間のうち，①20歳未満の期間，②60歳以上の期間，③昭和36年3月以前の期間については老齢基礎年金の対象とならない。そのため経過的加算は，その調整の意味も持つ。したがって，その計算式は，定額部分から老齢基礎年金を差し引く形になっている。

経過的加算は1円単位での支給。

12 基礎年金額・加給年金額の推移

◇要するに……

令和6年度は，新規裁定者，既裁定者のいずれも名目手取り賃金変動率で改定され，マクロ経済スライドの調整率は，令和6年度分の調整率（△0.4%）のみが適用された。

基礎年金額・加給年金額の推移

	スライド率	計算式	年金額
平成12年～14年	1.000	基礎年金額　804,200円	804,200円
		加給年金額　231,400円	231,400円
15年	0.991	基礎　804,200円×0.991	797,000円
		加給　231,400円×0.991	229,300円
16年～17年	0.988	基礎　804,200円×0.988	794,500円
		加給　231,400円×0.988	228,600円
18年～22年	0.985	基礎　804,200円×0.985	792,100円
		加給　231,400円×0.985	227,900円
23年	0.981	基礎　804,200円×0.981	788,900円
		加給　231,400円×0.981	227,000円
24年～25年9月	0.978	基礎　804,200円×0.978	786,500円
		加給　231,400円×0.978	226,300円
25年10月～	0.968	基礎　804,200円×0.968	778,500円
		加給　231,400円×0.968	224,000円
26年	0.961	基礎　804,200円×0.961	772,300円
		加給　231,400円×0.961	222,400円
27年～28年(注)	（改定率）0.999	基礎　780,900円×0.999	780,100円
		加給　224,700円×0.999	224,500円
29年～30年	0.998	基礎　780,900円×0.998	779,300円
		加給　224,700円×0.998	224,300円
31(令和元)年	0.999	基礎　780,900円×0.999	780,100円
		加給　224,700円×0.999	224,500円
令和2年	1.001	基礎　780,900円×1.001	781,700円
		加給　224,700円×1.001	224,900円
令和3年	1.000	基礎　780,900円×1.000	780,900円
		加給　224,700円×1.000	224,700円
令和4年	0.996	基礎　780,900円×0.996	777,800円
		加給　224,700円×0.996	223,800円
令和5年	（新規裁定者）1.018	基礎　780,900円×1.018	795,000円
		加給　224,700円×1.018	228,700円
	（既裁定者）1.015	基礎　780,900円×1.015	792,600円
		（加給は新規裁定者に同じ）	228,700円
令和6年	（新規裁定者）1.045	基礎　780,900円×1.045	816,000円
		加給　224,700円×1.045	234,800円
	（既裁定者）1.042（注2）	基礎　780,900円×1.042	813,700円
		（加給は新規裁定者に同じ）	234,800円

(注1) 平成27年度以降は，本来水準での改定となった。
(注2) 令和6年度は，既裁定者のうち，昭和31年4月2日～昭和32年4月1日の間の生年月日の方の基礎年金額は，新規裁定者の額と同額となった。

⒀特別支給の老齢厚生年金の段階的廃止

◇要するに……

1. 65歳前に支給される特別支給の老齢厚生年金は「定額部分＋報酬比例部分」だが，昭和16年4月2日以後生まれの男性からは段階的に「報酬比例部分」のみの年金に切り替えられた。第1号厚年の女性は5年遅れで切り替えられる。

2. さらに昭和28年4月2日以後生まれの男性からは，報酬比例部分も段階的に61歳から64歳支給開始に引き上げられる。第1号厚年の女性は5年遅れで支給開始年齢が引き上げられる。

3. 昭和36年4月2日以後に生まれた男性からは，60歳台前半の老齢厚生年金は支給されない。第1号厚年の女性は5年遅れて実施。

4. 厚生年金の障害等級3級以上の障害の状態にある人や，被保険者期間が44年以上ある人は，当分の間厚生年金の資格を喪失していれば従来の特別支給の老齢厚生年金（定額部分＋報酬比例部分）が支給される。なお，昭和28年4月2日以後生まれの男性からは，これらの特例に該当したときには，報酬比例部分の支給開始時から定額部分も支給される。

5. 加給年金額は，定額部分の年金が支給される年齢になったとき，または65歳に達したときから支給され，生年月日により異なる。

◇**完全65歳支給開始への道**

　平成6年の改正では，特別支給の定額部分の段階的廃止が決定された。ところが平成9年1月に発表された「日本の将来推計人口」（国立社会保障・人口問題研究所）では，わが国の少子高齢化は従来の予想をはるかに上回る速さで進行しており，平成12年の改正において，特別支給の報酬比例部分についても段階的に廃止していくことになった。結果として昭和36年4月2日以後生まれの男性（第2号～4号厚生年金の被保険者は女性を含む），昭和41年4月2日以後生まれの第1号厚年の女性からは完全に65歳からの年金支給開始となる。

特別支給の老齢厚生年金の支給開始年齢の引上げ

●平成6（1994）年の改正（平成13（2001）年〜平成25（2013）年）

	女性（第1号厚年） （生年月日）	60　61　62　63　64　65歳	男性 （生年月日）
現行	昭和21年4月1日 以前生まれ	特別支給の老齢厚生年金（報酬比例部分）｜老齢厚生年金 特別支給の老齢厚生年金（定額部分）｜老齢基礎年金	昭和16年 4月1日以 前生まれ
中間的な姿	昭和21年4月2日 〜 昭和23年4月1日		昭16.4.2 〜 昭18.4.1
	昭和23年4月2日 〜 昭和25年4月1日		昭18.4.2 〜 昭20.4.1
	昭和25年4月2日 〜 昭和27年4月1日		昭20.4.2 〜 昭22.4.1
	昭和27年4月2日 〜 昭和29年4月1日		昭22.4.2 〜 昭24.4.1
最終的な姿	昭和29年4月2日 〜 昭和33年4月1日	報酬比例部分｜老齢厚生年金 ｜老齢基礎年金	昭24.4.2 〜 昭28.4.1

平成12年の改正（平成25（2013）年〜令和7（2025）年）

	女性（第1号厚年） （生年月日）	60　61　62　63　64　65歳	男性 （生年月日）
引上げ開始	昭和33年4月2日 〜 昭和35年4月1日	報酬比例部分相当の老齢厚生年金｜老齢厚生年金 ｜老齢基礎年金	昭28.4.2 〜 昭30.4.1
中間的な姿	昭和35年4月2日 〜 昭和37年4月1日		昭30.4.2 〜 昭32.4.1
	昭和37年4月2日 〜 昭和39年4月1日		昭32.4.2 〜 昭34.4.1
	昭和39年4月2日 〜 昭和41年4月1日		昭34.4.2 〜 昭36.4.1
最終的な姿	昭和41年4月2日 以後生まれ		昭和36年 4月2日以 後生まれ

14 厚生年金の総報酬制導入

◇厚生年金の総報酬制導入（平成15年4月施行）

厚生年金等の被用者年金制度の保険料が，月収のほか，賞与も同率で徴収され，年金額に反映されることになった。これを総報酬制という。

◇総報酬制による保険料

平成15年4月から，賞与も月収と同率の保険料が徴収されることになったため，厚生年金保険料は17.35％から13.58％（平成15年4月現在）へ引き下げられた。

＜標準賞与額＞

3ヵ月を超える期間ごとに支給される賞与について，一定の上限を設け保険料を賦課する。この額を標準賞与額といい，1回の賞与支払いで150万円を上限とし，1,000円未満を切り捨てた額とする。

◇平成15年4月以後の加入期間のある老齢厚生年金の計算方法

給付乗率1,000分の7.5が1,000分の5.769へ引き下げられた。

平成15年3月までの加入期間については，従来どおり1,000分の7.5（当時）を適用し，総報酬制対応の給付率は平成15年4月以降の加入期間について適用されることとなった。平成27年度以降は，物価スライド特例水準による額より，本来水準の額が高くなったため，年金額の計算式では，給付乗率は平成12年改正で5％減額した率となった。報酬比例部分の年金額の計算方法は後述のとおり。

年金額 = 総報酬導入前の期間分(A)＋総報酬導入後の期間分(B)

$A = $ 平均標準報酬月額 $\times \dfrac{7.125}{1,000} \times$ 平成15年3月以前の加入期間

$B = $ 平均標準報酬額 $\times \dfrac{5.481}{1,000} \times$ 平成15年4月以降の加入期間

（注1）給付乗率，$\dfrac{7.125}{1,000}$，$\dfrac{5.481}{1,000}$ は生年月日により，経過措置あり。

（注2）平均標準報酬額とは，月収と賞与を対象に平均値を出したもの。

$$平均標準報酬月額 = \frac{平成15年3月以前の各月の標準報酬月額の総計}{平成15年3月以前の加入期間}$$

$$平均標準報酬額 = \frac{平成15年4月以降の各月の標準報酬月額総計 + 平成15年4月以降の標準賞与額の総計}{平成15年4月以降の加入期間}$$

※賃金の再評価率は省略。平成27年度以降は，平均標準報酬月額および平均標準報酬額の再評価率は平成12年改正後の率で算出される。

◇**平成15年4月以後の加入期間のある障害厚生年金・遺族厚生年金の計算方法**

　障害・遺族厚生年金の計算は，報酬比例部分の年金額が基準となるので老齢厚生年金の年金額の仕組みの応用になる。

①障害厚生年金の計算式

　障害厚生年金額 = A + B

　$A = 平均標準報酬月額 \times \dfrac{7.125}{1,000} \times 平成15年3月までの被保険者月数$

　$B = 平均標準報酬額 \times \dfrac{5.481}{1,000} \times 平成15年4月以後の被保険者月数$

㋐被保険者期間が300月以上あるとき

　障害厚生年金額 = A + B

㋑被保険者期間が300月未満のとき被保険者期間を300月とみなす

　$障害厚生年金額 = (A + B) \times \dfrac{300}{総被保険者月数}$

　障害等級が1級の場合は，この計算式の額の1.25倍の額となる。

②遺族厚生年金の計算式

　短期要件と長期要件があるが，下では長期要件について記述する。

$遺族厚生年金額 = (A + B) \times \dfrac{3}{4}$

$A = 平均標準報酬月額 \times \dfrac{7.125}{1,000}^{※1} \times 平成15年3月までの被保険者月数^{※2}$

$B = 平均標準報酬額 \times \dfrac{5.481}{1,000}^{※1} \times 平成15年4月以後の被保険者月数^{※2}$

※1　乗率は長期要件の場合のみ生年月日により異なる。

※2　被保険者期間中の死亡等の場合（短期要件という）の遺族厚生年金額は，被保険者期間が300月未満のときは，300月とみなして計算される。

⑮60歳台前半の老齢厚生年金

◇要するに……

　昭和28年4月2日～昭和36年4月1日生まれの男性（第1号厚年の女性は5年遅れ）は，報酬比例部分相当の老齢厚生年金の支給開始が61歳～64歳になる。第2号～4号厚生年金被保険者は支給開始年齢に男女区別がないため，女性も支給開始は男性と同じである。

◇空白期間の発生に伴う留意点と影響

　60歳から，支給開始年齢までの年金の空白期間が生じることによって，年金や健康保険において以下のような留意点が挙げられる。

①報酬比例部分について，60歳から繰上げ受給ができる。ただし，老齢基礎年金の繰上げも同時に行わなければならない。また，減額率も生年月日により異なる（56頁参照）。

②繰上げ受給によるデメリットは，この他，⑦国民年金への任意加入不可，⑦厚生年金加入44年（長期加入）前に繰上げ受給をすると特例が使えなくなる，等がある。

③在職老齢年金については，繰上げ受給の老齢厚生年金が対象となり，繰上げ受給の老齢基礎年金は支給停止の対象外となる。

④年金請求書は，支給開始年齢に達する誕生月の3ヵ月前に事前送付される。

⑤障害者，長期加入者，船員，坑内員の特例に該当する場合，報酬比例部分＋定額部分＋加給年金額が支給されるのは，生年月日・性別により決められた支給開始年齢からとなる。

⑥健康保険では，家族の被扶養者となれば保険料が無料となる。60歳以上の人は，年収180万円未満で原則被保険者の収入の2分の1未満であれば家族の加入している健康保険に入ることができる。

⑦健康保険の特例退職被保険者制度への加入は，老齢厚生年金の受給資格があることが前提となっているため，60歳台前半の老齢厚生年金の支給開始年齢の引上げにより，原則，特例退職被保険者制度加入年齢も引き上げられることになる。

16 厚生年金の算定と再評価率

◇要するに……

　平均標準報酬月額とは，平成15年３月31日までの厚生年金の加入期間についての全期間の標準報酬月額の平均で月当たりの平均賃金。平均標準報酬額は平成15年４月以降の賞与の総額と月収の総額を総報酬制導入後の加入月数で除した平均額。平均標準報酬月額等を算定する際には，過去の各月の標準報酬月額に「再評価率」を掛けて，現在価値に直した上で計算する。

◇厚生年金の５％削減と再評価率

平成12年改正による65歳裁定後の再評価率

　標準報酬月額を現在の標準に置き換えるため，平均標準報酬月額の算出時に使われる再評価率は，平成６年の財政再計算までは，５年ごとに改定していた。平成12年改正により裁定後の厚生年金の額について65歳以降は賃金スライドを行わないこととなった。そこで生年月日ごとに再評価率が設定され，65歳に達する年度ごとに再評価率が異なることとなった（196〜197頁参照）。

厚生年金の5％削減と再評価率

　平成12年改正により，報酬比例部分の額の計算に使われる生年月日ごとの乗率が５％削減された。しかし，経過措置として改正前の従前額保障が行われたため，平成６年再評価率（生年月日による区分なし）で計算された平均標準報酬月額等と旧乗率により計算された額と，改正後の平成12年改正による再評価率（生年月日により異なる）で計算された平均標準報酬月額等と新乗率により計算された額を比較し，従前の額が高い場合はその額を支給することとなった。つまり，従前額保障の額には，平成６年再評価率と旧乗率が使われ，本来の額には平成12年改正後の再評価率と新乗率が使われ年金額が計算される。196〜197頁の再評価率表について，平成26年３月までは，支給されている年金額には一番左側の旧再評価率（「平成６年再評価率」）が使用されていた。

17 厚生年金の給付乗率とは

◇要するに……

　給付乗率は，旧制度（原則大正15年4月1日以前生まれが対象）
では誰でも1,000分の10であり，つまり報酬比例部分は1ヵ月加入
につき平均標準報酬月額の1％であった。

　昭和60年の改正により，20年かけて1,000分の10から1,000分の
7.5まで下げていくことになった。これが旧乗率である。

　平成12年の改正では，同年4月から報酬比例部分の給付乗率をさ
らに5％引き下げることとした。これが新乗率である。平成15年4
月以降の加入期間については，給付乗率は次頁の総報酬制導入後の
乗率が適用される。ただし，平成26年度までは，5％の給付乗率削
減前の年金額が保障されていたため，総報酬制導入前と後の給付乗
率もあり経過的に4通りの乗率が存在していた。

◇平成12年改正後も旧給付乗率を用いていた

　平成12年改正で老齢厚生年金（報酬比例部分）の算式に用いる給
付乗率を5％引き下げたが，当分の間は改正前の計算式に基づく年
金額が保障された。その後，平成11年～13年までの消費者物価の下
落時にも，平成12年～14年度の年金額は特例法により前年度額に据
え置かれた。その結果，改正前の計算式による「特例水準」による
額が，本来の水準額より高額であったため，「特例水準」での支給が
続いた。

　この「特例水準」を解消するため，平成16年改正後，実際の年金
額は，平成16年度水準（特例水準）を保障しつつも，物価変動率等
が上昇したときでも前年度の額を維持し，下落したときのみ年金額
に反映させる方法で，徐々に本来水準と平成16年度の特例水準との
差を解消していくこととされた（これを「物価スライド特例措置」
という）。平成24年度ではこの乖離が2.5％に広がったが，法改正に
よりその後3年間で解消。物価スライド特例措置は平成26年度まで
続いた。

◇総報酬制導入後の給付乗率

　総報酬制が導入された平成15年4月以後は、「年間の月収総額：年間の賞与総額」が1：0.3となるように調整された「総報酬制後の乗率」を用いる。この結果、平成15年4月前とそれ以後の厚生年金の加入期間のある人の報酬比例部分は、2つの式の合計額となる。

＜令和5年度の計算式＞

　平成27年度からは本来水準での支給となったため、給付乗率には新乗率を使う。また同時に、平均標準報酬月額および平均標準報酬額の算出には、平成12年改正後の再評価率を使う。

報酬比例部分の新旧給付乗率の経過措置

生年月日	報酬比例部分（総報酬制前）		報酬比例部分（総報酬制後）	
	旧乗率	新乗率	旧乗率	新乗率
昭和2年4月1日以前	1,000分の 10.00	1,000分の 9.500	1,000分の 7.692	1,000分の 7.308
昭和2年4月2日〜昭和3年4月1日	9.86	9.367	7.585	7.205
昭和3年4月2日〜昭和4年4月1日	9.72	9.234	7.477	7.103
昭和4年4月2日〜昭和5年4月1日	9.58	9.101	7.369	7.001
昭和5年4月2日〜昭和6年4月1日	9.44	8.968	7.262	6.898
昭和6年4月2日〜昭和7年4月1日	9.31	8.845	7.162	6.804
昭和7年4月2日〜昭和8年4月1日	9.17	8.712	7.054	6.702
昭和8年4月2日〜昭和9年4月1日	9.04	8.588	6.954	6.606
昭和9年4月2日〜昭和10年4月1日	8.91	8.465	6.854	6.512
昭和10年4月2日〜昭和11年4月1日	8.79	8.351	6.762	6.424
昭和11年4月2日〜昭和12年4月1日	8.66	8.227	6.662	6.328
昭和12年4月2日〜昭和13年4月1日	8.54	8.113	6.569	6.241
昭和13年4月2日〜昭和14年4月1日	8.41	7.990	6.469	6.146
昭和14年4月2日〜昭和15年4月1日	8.29	7.876	6.377	6.058
昭和15年4月2日〜昭和16年4月1日	8.18	7.771	6.292	5.978
昭和16年4月2日〜昭和17年4月1日	8.06	7.657	6.200	5.890
昭和17年4月2日〜昭和18年4月1日	7.94	7.543	6.108	5.802
昭和18年4月2日〜昭和19年4月1日	7.83	7.439	6.023	5.722
昭和19年4月2日〜昭和20年4月1日	7.72	7.334	5.938	5.642
昭和20年4月2日〜昭和21年4月1日	7.61	7.230	5.854	5.562
昭和21年4月2日以後	7.50	7.125	5.769	5.481

18 報酬比例部分相当の老齢厚生年金の計算方法

◇要するに……

　男性で昭和16年4月2日から昭和28年4月1日まで（第1号厚年の女性は5年遅れ）に生まれた人は，定額部分の支給開始年齢が段階的に遅くなっているか，または65歳未満では定額部分の支給が行われないこととなっている。60歳から定額部分支給開始年齢までの間または65歳になるまでの間は，報酬比例部分相当の老齢厚生年金が支給される。昭和28年4月2日以後生まれの男性（第1号厚年の女性は5年遅れ）から，報酬比例部分相当の老齢厚生年金の支給開始年齢が順次引き上げられる。

◇報酬比例部分相当の老齢厚生年金の支給開始年齢の引上げ

〈昭和28年（第1号厚年の女性は昭和33年）4月2日から昭和36年（第1号厚年の女性は昭和41年）4月1日に生まれた人の場合〉

報酬比例部分相当の老齢厚生年金の支給開始年齢

生年月日		報酬比例部分の
男　　性	女　　性（第1号厚年）	支給開始年齢
昭和28年4月1日以前	昭和33年4月1日以前	60歳
昭和28年4月2日〜昭和30年4月1日	昭和33年4月2日〜昭和35年4月1日	61歳
昭和30年4月2日〜昭和32年4月1日	昭和35年4月2日〜昭和37年4月1日	62歳
昭和32年4月2日〜昭和34年4月1日	昭和37年4月2日〜昭和39年4月1日	63歳
昭和34年4月2日〜昭和36年4月1日	昭和39年4月2日〜昭和41年4月1日	64歳
昭和36年4月2日以後	昭和41年4月2日以後	65歳

＊昭和24年4月2日（女性は5年遅れ）以後生まれの人には，原則として定額部分は支給されない。ただし，共済組合加入期間については，男・女とも男性の欄を参照のこと。

◇計算例

昭和37年9月10日生まれの女性（61歳で定年退職，支給開始は63歳），平均標準報酬月額は平成15年3月まで36万円，平成15年4月以降平均標準報酬額は50万円，被保険者期間は39年（合計468月，平成15年3月まで223月，平成15年4月以降245月），夫は58歳（昭和41年5月20日生まれ，現在自営業者で年収600万円，一般厚年期間4年あり）の場合，この女性が63歳から65歳到達までに受け取る年金額の年額はいくらになるか？

報酬比例部分 ＝ Ⓐ ＋ Ⓑ

$$Ⓐ = 360,000円 \times \frac{7.125}{1,000} \times 223月 = 571,995円$$

$$Ⓑ = 500,000円 \times \frac{5.481}{1,000} \times 245月 = 671,423円$$

$$Ⓐ + Ⓑ = 1,243,418円（1円未満四捨五入）$$

なお，加給年金額が加算されるのは受給者本人（妻）の年齢が65歳となったときからとなる。

◇留意点（上記の例の場合）

①63歳から65歳になるまで報酬比例部分相当の老齢厚生年金が支給される。

②加給年金額は65歳から加算される。

③65歳未満で定額部分は支給されず，65歳からは老齢厚生年金と老齢基礎年金が支給される。

④一般の厚生年金制度では女性は男性と比べ優遇されているが，これは過去に定年制が，男60歳，女55歳と男女差があり，女性の老齢厚生年金の支給開始年齢が55歳という特例措置があったため，その既得権を急激に削減させないための措置である。

⑤事例の夫の生年月日の場合では，老齢厚生年金と老齢基礎年金が65歳から支給される。

⑥年金額の計算は，平成15年3月までの加入期間分と平成15年4月以降の加入期間分を分けて計算し，その合計額となる。

⑦平成15年4月以降の加入期間の乗率は，賞与額も年金額に反映されるため，同年3月以前の乗率よりも低くなる（71頁参照）。

⒆特別支給の定額部分の乗率とは

◇**要するに……**

1. 特別支給の老齢厚生年金の定額部分は,「定額単価×加入月数」。

2. 定額単価は1,628円に改定率を乗じ, その額に生年月日に応じた乗率を乗じて計算する。定額単価は, 平成16年改正により, 毎年度1,628円×改定率により計算する。

3. 定額部分の計算では, 被保険者期間の月数について生年月日により上限が異なる。ただし, 480月を超えることはない。

◇**定額部分と読替率**

現在の旧法適用者の定額部分は3,053円に改定率を乗じて得た額をもとに計算する。法律上規定された3,053円は1,628円×1.875で求めることができる。

そして定額部分の単価は, 20年かけて旧法の年金額である3,053円に改定率を乗じて得た額から新法の老齢基礎年金額に対応する1,628円に改定率を乗じて得た額に下げていく仕組みになっている。すなわち大正15年4月2日〜昭和2年4月1日生まれの人が1,628円×改定率×1.875で, 昭和21年4月2日以後生まれの人が1,628円×改定率×1.000に, その間に生まれた人については3,053円から次第に1,628円になるようにしてある。

令和6年度は, 定額部分の単価についても, 生年月日によって改定率が異なる。既裁定者のうち昭和31年4月1日以前生まれの方は, 基準年度以後改定率(令和6年度は1.042)を用いるので, 3,181円(3,053円×1.042)から1,696円(1,628円×1.042)となる。また, 既裁定者のうち昭和31年4月2日〜昭和32年4月1日までの生年月日の方, および新規裁定者(昭和32年4月2日以後生まれ)には, 改定率(令和6年度は1.045)を用いるので, 1,701円(1,628円×1.045)となる(75頁を参照)。

◇**定額部分の計算**

平成16年改正により法令上の老齢基礎年金額が78万900円とされたことを受けて, 定額部分の計算式は次のとおりとなった。

（原則）　　　　　　　　生年月日に応じた乗率
　　　　　　　　　　　　　　↓
1,628円×改定率×（1.875～1.000）×厚生年金の被保険者月数

◇定額単価に乗じる加入月数の制限

　定額部分の計算では，被保険者期間の月数について，生年月日に
応じて次のような上限が設けられている。

昭和4年4月1日以前生まれ	420月（35年）
昭和4年4月2日～昭和9年4月1日生まれ	432月（36年）
昭和9年4月2日～昭和19年4月1日生まれ	444月（37年）
昭和19年4月2日～昭和20年4月1日生まれ	456月（38年）
昭和20年4月2日～昭和21年4月1日生まれ	468月（39年）
昭和21年4月2日以後生まれ	480月（40年）

　また，中高齢者の特例によって受給資格を得た人については，240
月に満たない場合は240月で計算する。

定額部分の単価の経過措置（令和6年度）

生年月日	定額単価	参考単価
昭和2年4月1日以前	1,696円×1.875	3,180円
昭和2年4月2日～昭和3年4月1日	〃　×1.817	3,082円
昭和3年4月2日～昭和4年4月1日	〃　×1.761	2,987円
昭和4年4月2日～昭和5年4月1日	〃　×1.707	2,895円
昭和5年4月2日～昭和6年4月1日	〃　×1.654	2,805円
昭和6年4月2日～昭和7年4月1日	〃　×1.603	2,719円
昭和7年4月2日～昭和8年4月1日	〃　×1.553	2,634円
昭和8年4月2日～昭和9年4月1日	〃　×1.505	2,552円
昭和9年4月2日～昭和10年4月1日	〃　×1.458	2,473円
昭和10年4月2日～昭和11年4月1日	〃　×1.413	2,396円
昭和11年4月2日～昭和12年4月1日	〃　×1.369	2,322円
昭和12年4月2日～昭和13年4月1日	〃　×1.327	2,251円
昭和13年4月2日～昭和14年4月1日	〃　×1.286	2,181円
昭和14年4月2日～昭和15年4月1日	〃　×1.246	2,113円
昭和15年4月2日～昭和16年4月1日	〃　×1.208	2,049円
昭和16年4月2日～昭和17年4月1日	〃　×1.170	1,984円
昭和17年4月2日～昭和18年4月1日	〃　×1.134	1,923円
昭和18年4月2日～昭和19年4月1日	〃　×1.099	1,864円
昭和19年4月2日～昭和20年4月1日	〃　×1.065	1,806円
昭和20年4月2日～昭和21年4月1日	〃　×1.032	1,750円
昭和21年4月2日～昭和31年4月1日	〃　×1.000	1,696円
昭和31年4月2日以後	1,701円×1.000	1,701円

（注）令和6年度の定額単価算出時の改定率は，昭和31年4月2日以後生まれの方の場合改定
　　率（1.045）を，昭和31年4月1日以前生まれの方の場合改定率（1.042）が用いられる。

⑳特別支給の老齢厚生年金の計算方法

◇要するに……

　平成27年度の支給から，原則平成16年度水準による額より本来水準の額のほうが上回ったため，給付乗率は５％削減された新乗率を使い，再評価率は平成12年改正後の率を用いる。

◇計算例

　昭和38年３月２日生まれの女性（第１号厚年）。63歳からの障害者特例による支給額とする（障害者特例とは，１〜３級障害の状態にある場合，報酬比例部分と同様に定額部分も支給されるというもの）。

・平成15年３月までの被保険者期間…243月
・平成15年４月以後の被保険者期間…263月
・加給年金額対象配偶者（昭和40年５月生まれ）あり
・平成15年３月までの平均標準報酬月額…340,000円
・平成15年４月以後の平均標準報酬額…610,000円
・令和７年３月１日に退職予定
・障害者特例に該当する

63歳からの特別支給の老齢厚生年金（障害者特例）
＜定額部分＞
1,701円×1.000×480月＝816,480円 ──── ⑦
＜報酬比例部分＞
$340,000円 × \dfrac{7.125}{1,000} × 243月 + 610,000円 × \dfrac{5.481}{1,000} × 263月$
＝1,467,984円 ──── ④
＜加給年金額＞
234,800円＋173,300円（特別加算額）＝408,100円 ──── ⑦
＜特別支給の老齢厚生年金額（⑦＋④＋⑦）＞
816,480円＋1,467,984円＋408,100円＝2,692,564円

特別支給の老齢厚生年金の計算

定額部分

令和6年度額の計算式（新規裁定者で計算）

①定額部分　　②被保険者期間の月数

1,701円 × ［　　　　　　　　］ × ［　　　　　　　　］ 月

（生年月日により　　）（生年月日により）
（1.875 〜 1.000　　）（上限あり　　　　）

+

報酬比例部分

報酬比例部分＝A＋B

①平成15年3月までの
　平均標準報酬月額　　②乗率　　　③平成15年3月までの月数

A = ［　　　　　　］ 円 × ［　　　　］ ÷ 1,000 × ［　　　　　　］ 月

生年月日により　　　　実際の月数で計算
9.5 〜 7.125　　　　　（上限なし）

①平成15年4月以後の
　平均標準報酬額　　　②乗率　　　③平成15年4月以降の月数

B = ［　　　　　　］ 円 × ［　　　　］ ÷ 1,000 × ［　　　　　　］ 月

生年月日により　　　　実際の月数で計算
7.308 〜 5.481　　　　（上限なし）

+

加給年金額

被扶養配偶者（65歳になると打切り）	234,800円
2人目までの子（1人につき）	234,800円
3人目からの子（1人につき）	78,300円

+

特別加算額

昭和 9 年4月2日〜昭和15年4月1日	34,700円
昭和15年4月2日〜昭和16年4月1日	69,300円
昭和16年4月2日〜昭和17年4月1日	104,000円
昭和17年4月2日〜昭和18年4月1日	138,600円
昭和18年4月2日以降	173,300円

21 65歳からの老齢厚生年金の計算方法
（令和6年度）昭和31年4月2日以後生まれの方の場合

◇**要するに……**

　65歳からの老齢厚生年金額＝報酬比例部分＋経過的加算

　　報酬比例部分＝①＋②

　　①平均標準報酬月額×給付乗率×平成15年3月までの加入月数

　　②平均標準報酬額×給付乗率×平成15年4月以降の加入月数

　　経過的加算＝⑦－①

$$⑦1,701円 × \begin{matrix}生年月日に \\ 応じた乗率 \\ {\scriptsize(1.875～1.000)} \end{matrix} × \begin{matrix}被保険者期間の \\ 月数 \\ {\scriptsize(上限は，生年月日による。75頁参照)} \end{matrix}$$

$$①816,000円 × \frac{昭和36年4月以降で20歳以上60歳未満の被保険者期間の月数}{加入可能年数×12月}$$

　要件を満たした場合で加給年金額対象者がいる場合は，老齢厚生年金額に加給年金額が加算される。

◇**計算例**

昭和34年4月12日生まれの男性。

（厚生年金加入歴）

昭和57年4月から平成29年3月までの35年間（420月），民間会社に勤務。加給年金対象配偶者あり。子なし。

内訳：昭和57年4月～平成15年3月＝252月

　　　平均標準報酬月額…34万円

　　　平成15年4月～平成29年3月＝168月

　　　平均標準報酬額……42万円

退職後から60歳までの国民年金保険料は，納付していない。

65歳到達日：令和6年4月11日

・報酬比例部分（1円未満四捨五入）

$$340,000円 × \frac{7.125}{1,000} × 252月 + 420,000円 × \frac{5.481}{1,000} × 168月$$
$$= 610,470円 + 386,739.3円 ≒ 997,209円$$

・経過的加算（定額部分－老齢基礎年金相当額）

厚生年金加入期間は，すべて20歳以上60歳未満の間

$$1,701円 × 1.000 × 420月 - 816,000円 × \frac{35年 × 12月}{40年 × 12月}$$

$$=714,420円 - 714,000円 = 420円$$

・加給年金額（配偶者が65歳に達するまで）　408,100円（75頁参照）

◇老齢厚生年金額

$$997,209円 + 420円 + 408,100円 = 1,405,729円$$

◇老齢基礎年金額

$$816,000円 \times \frac{35年 \times 12月}{40年 \times 12月} = 714,000円$$

65歳時の年金額

報酬比例部分
$340,000円 \times \dfrac{7.125}{1,000} \times 252月 + 420,000円 \times \dfrac{5.481}{1,000} \times 168月 = 997,209円$
経過的加算　$1,701円 \times 1.000 \times 420月 - 816,000円 \times \dfrac{35年 \times 12月}{40年 \times 12月} = 420円$
加給年金額　408,100円（234,800円 + 173,300円）
老齢基礎年金　$816,000円 \times \dfrac{35年 \times 12月}{40年 \times 12月} = 714,000円$

☐ 厚生年金から支給される部分　　☐ 国民年金から支給される部分

(注) 昭和31年4月1日以前生まれの方の経過的加算算出時の定額単価及び老齢基礎年金の満額はそれぞれ「1,696円」と「813,700円」に置き換えて算出する。

◇老齢厚生年金の繰下げ制度の仕組み

①60歳台前半の老齢厚生年金を受給していても，繰下げ受給もすることはできるが，65歳に到達してから66歳に到達する間に老齢厚生年金を請求した場合には，繰下げ支給の対象者とはならない。

②66歳に到達する間に老齢基礎年金の受給権者となっても，老齢厚生年金の繰下げを申し出ることはできる。老齢基礎年金と同時に繰り下げる必要はなく，どちらか一方を繰り下げることも可能。

③繰下げによる増額率は，1ヵ月繰り下げるごとに0.7%増え，75歳までで120ヵ月84%の増額率が上限（昭和27年4月1日以前生まれの人は，上限年齢が70歳まで，最長60ヵ月となり，増額率は42%が上限）である。75歳（または70歳）となった月を経過して繰下げ請求が行われた場合も，75歳（または70歳）に遡って繰下げ請求したものと扱われる。令和5年4月からの特例的な繰下げみなし増額制度については，58頁を参照。

④65歳以後，老齢基礎年金を除く他の年金の受給権者となり，その後に繰下げ支給を申し出た場合には，他の年金の受給権者となった日が繰下げ支給の申出日とみなされ増額率が決まる。

⑤65歳以降に在職中であっても繰下げすることができる。

22 老齢基礎年金・老齢厚生年金計算シート

◇老齢基礎年金の計算

$$\text{(令和6年度)} \atop 816,000円\text{※} \times \dfrac{\left(\substack{保険\\料納\\付済\\月数}\right) + \left(\substack{保険料\\全額免\\除月数\\\times 1/2}\right) + \left(\substack{保険料\\3/4免\\除月数\\\times 5/8}\right) + \left(\substack{保険料\\1/2免\\除月数\\\times 3/4}\right) + \left(\substack{保険料\\1/4免\\除月数\\\times 7/8}\right)}{\text{加入可能年数} \times 12月}$$

+振替加算額 [ ]……加給年金額対象者の配偶者が65歳になったとき

ただし、平成21年3月以前の全額免除は3分の1，4分の1免除は6分の5，2分の1免除は3分の2，4分の3免除は2分の1と，それぞれ計算される（50頁参照）。

◇報酬比例部分相当の老齢厚生年金

$$\left[\boxed{\substack{\text{平均標準報酬月額}}} \times \dfrac{\boxed{}}{1,000} \times \boxed{\substack{\text{平成15年3月までの加入月数}}} \right]$$

$$+ \left[\boxed{\substack{\text{平均標準報酬額}}} \times \dfrac{\boxed{}}{1,000} \times \boxed{\substack{\text{平成15年4月以後の加入月数}}} \right]$$

$$= \boxed{} \text{（1円未満四捨五入）}$$

◇特別支給の老齢厚生年金

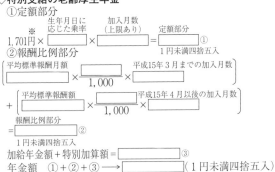

①定額部分

$$1,701円\text{※} \times \boxed{\substack{\text{生年月日に}\\\text{応じた乗率}}} \times \boxed{\substack{\text{加入月数}\\\text{（上限あり）}}} = \boxed{\substack{\text{定額部分}\\①}}$$

1円未満四捨五入

②報酬比例部分

$$\left[\boxed{\substack{\text{平均標準報酬月額}}} \times \dfrac{\boxed{}}{1,000} \times \boxed{\substack{\text{平成15年3月までの加入月数}}} \right]$$

$$+ \left[\boxed{\substack{\text{平均標準報酬額}}} \times \dfrac{\boxed{}}{1,000} \times \boxed{\substack{\text{平成15年4月以後の加入月数}}} \right]$$

$$= \boxed{\substack{\text{報酬比例部分}\\②}}$$

1円未満四捨五入

加給年金額＋特別加算額＝ [ ] ③

年金額 ①＋②＋③ ⟶ [ ]（1円未満四捨五入）

◇65歳からの老齢厚生年金

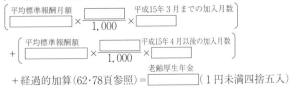

$$\left[\boxed{\substack{\text{平均標準報酬月額}}} \times \dfrac{\boxed{}}{1,000} \times \boxed{\substack{\text{平成15年3月までの加入月数}}} \right]$$

$$+ \left[\boxed{} \times \dfrac{\boxed{}}{1,000} \times \boxed{\substack{\text{平成15年4月以後の加入月数}}} \right]$$

+経過的加算（62・78頁参照）＝ [ ]（1円未満四捨五入） 老齢厚生年金

※昭和31年4月1日以前生まれの方は，813,700円，1,696円に置き換える。

老齢基礎年金・老齢厚生年金早見表（令和6年度）

(単位：円)

生年月日	A 国民年金と合わせた期間	B 厚年・共済を合わせた期間	C 厚年の中高齢の特例	D 加入可能年数	E 振替加算額（年額）	F 男子の支給開始年齢	G 女子の支給開始年齢	H 定額上限月数	I 定額部分 単価	I 定額部分 乗率	J H15.3以前の分/1000 旧乗率	J H15.3以前の分/1000 新乗率	J H15.4以後の分/1000 旧乗率	J H15.4以後の分/1000 新乗率	K 加給年金額（年額）
T15.4.2~S2.4.1	21年	20年	15年	25年	234,100	60歳	55歳	420月	1,696	1.875	10.00	9.500	7.692	7.308	234,800
S2.4.2~S3.4.1	22年	〃	〃	26年	227,779	〃	〃	〃	〃	1.817	9.86	9.367	7.585	7.205	
S3.4.2~S4.4.1	23年	〃	〃	27年	221,693	〃	〃	〃	〃	1.761	9.72	9.234	7.477	7.103	
S4.4.2~S5.4.1	24年	〃	〃	28年	215,372	〃	〃	432月	〃	1.707	9.58	9.101	7.369	7.001	
S5.4.2~S6.4.1	25年	〃	〃	29年	209,051	〃	〃	〃	〃	1.654	9.44	8.968	7.262	6.898	
S6.4.2~S7.4.1	〃	〃	〃	30年	202,965	〃	〃	〃	〃	1.603	9.31	8.845	7.162	6.804	
S7.4.2~S8.4.1	〃	〃	〃	31年	196,644	〃	56歳	〃	〃	1.553	9.17	8.712	7.054	6.702	
S8.4.2~S9.4.1	〃	〃	〃	32年	190,323	〃	〃	〃	〃	1.505	9.04	8.588	6.954	6.606	
S9.4.2~S10.4.1	〃	〃	〃	33年	184,237	〃	57歳	444月	〃	1.458	8.91	8.465	6.854	6.512	269,500
S10.4.2~S11.4.1	〃	〃	〃	34年	177,916	〃	〃	〃	〃	1.413	8.79	8.351	6.762	6.424	
S11.4.2~S12.4.1	〃	〃	〃	35年	171,595	〃	58歳	〃	〃	1.369	8.66	8.227	6.662	6.328	
S12.4.2~S13.4.1	〃	〃	〃	36年	165,509	〃	〃	〃	〃	1.327	8.54	8.113	6.569	6.241	
S13.4.2~S14.4.1	〃	〃	〃	37年	159,188	〃	59歳	〃	〃	1.286	8.41	7.990	6.469	6.146	
S14.4.2~S15.4.1	〃	〃	〃	38年	152,867	〃	〃	〃	〃	1.246	8.29	7.876	6.377	6.058	
S15.4.2~S16.4.1	〃	〃	〃	39年	146,781	〃	60歳	〃	〃	1.208	8.18	7.771	6.292	5.978	304,100
S16.4.2~S17.4.1	〃	〃	〃	40年	140,460	61歳	〃	〃	〃	1.170	8.06	7.657	6.200	5.890	338,800
S17.4.2~S18.4.1	〃	〃	〃	〃	134,139	〃	〃	〃	〃	1.134	7.94	7.543	6.108	5.802	373,400
S18.4.2~S19.4.1	〃	〃	〃	〃	128,053	62歳	〃	〃	〃	1.099	7.83	7.439	6.023	5.722	408,100
S19.4.2~S20.4.1	〃	〃	〃	〃	121,732	〃	〃	456月	〃	1.065	7.72	7.334	5.938	5.642	
S20.4.2~S21.4.1	〃	〃	〃	〃	115,411	63歳	〃	468月	〃	1.032	7.61	7.230	5.854	5.562	
S21.4.2~S22.4.1	〃	〃	〃	〃	109,325	〃	61歳	480月	〃	1.000	7.50	7.125	5.769	5.481	
S22.4.2~S23.4.1			16年	〃	103,004	64歳	〃	〃	〃	〃	〃	〃	〃	〃	
S23.4.2~S24.4.1			17年	〃	96,683	〃	62歳	〃	〃	〃	〃	〃	〃	〃	
S24.4.2~S25.4.1			18年	〃	90,597	65歳	〃	〃	〃	〃	〃	〃	〃	〃	
S25.4.2~S26.4.1			19年	〃	84,276	〃	63歳	〃	〃	〃	〃	〃	〃	〃	
S26.4.2~S27.4.1			20年	〃	77,955	〃	〃	〃	〃	〃	〃	〃	〃	〃	
S27.4.2~S28.4.1		21年		〃	71,869	〃	64歳	〃	〃	〃	〃	〃	〃	〃	
S28.4.2~S29.4.1		22年	—	〃	65,548	(61歳)	〃	〃	〃	〃	〃	〃	〃	〃	
S29.4.2~S30.4.1		23年	—	〃	59,227	〃	65歳	〃	〃	〃	〃	〃	〃	〃	
S30.4.2~S31.4.1		24年	—	〃	53,141	(62歳)	〃	〃	〃	〃	〃	〃	〃	〃	
S31.4.2~S32.4.1		25年	—	〃	46,960	〃	〃	〃	1,701	〃	〃	〃	〃	〃	
S32.4.2~S33.4.1			—	〃	40,620	(63歳)	〃	〃	〃	〃	〃	〃	〃	〃	
S33.4.2~S34.4.1				〃	34,516	〃	(61歳)	〃	〃	〃	〃	〃	〃	〃	
S34.4.2~S35.4.1				〃	28,176	(64歳)	〃	〃	〃	〃	〃	〃	〃	〃	
S35.4.2~S36.4.1				〃	21,836	〃	(62歳)	〃	〃	〃	〃	〃	〃	〃	
S36.4.2~S37.4.1				〃	15,732	(65歳)	〃	〃	〃	〃	〃	〃	〃	〃	
S37.4.2~S38.4.1				〃	15,732	〃	(63歳)	〃	〃	〃	〃	〃	〃	〃	
S38.4.2~S39.4.1				〃	15,732	〃	〃	〃	〃	〃	〃	〃	〃	〃	
S39.4.2~S40.4.1				〃	15,732	〃	(64歳)	〃	〃	〃	〃	〃	〃	〃	
S40.4.2~S41.4.1				〃	15,732	〃	〃	〃	〃	〃	〃	〃	〃	〃	
S41.4.2以後						〃	(65歳)	〃	〃	〃	〃	〃	〃	〃	

［注］ 1．F欄とG欄の年齢は、昭和16年4月2日～昭和28年4月1日（第1号厚年の女性は5年遅れ）に生まれた人については、定額部分の支給開始年齢を表す。また、昭和28年4月2日以後生まれ（第1号厚年の女性は5年遅れ）の年齢は、報酬比例部分の支給開始年齢を表す。
　　　 2．K欄は、老齢厚生年金受給者本人の生年月日、E欄は加給年金対象配偶者の生年月日で見る。

23 年金と税金

◇要するに……

公的年金で老齢および退職を支給事由とする給付は，所得税の課税対象となる。障害給付や遺族給付は非課税である。年金の支払者である日本年金機構は，年金を支払う際に所得税を源泉徴収する。

◇年金受取と税金

公的年金の収入金額は，その年中の他の公的年金にかかる雑所得の収入金額も合計した金額から「公的年金等控除額」を控除した残額が，雑所得の金額として課税の対象となる。

公的年金等の収入金額－公的年金等控除額＝公的年金等にかかる
雑所得の金額

公的年金等控除額（令和２年以降）

年　齢	受け取る年金額（A）	公的年金等控除額
65歳未満	130万円未満	60万円
	130万円以上410万円未満	(A)×25%＋ 27.5万円
	410万円以上770万円未満	(A)×15%＋ 68.5万円
	770万円以上1,000万円未満	(A)×５％＋145.5万円
	1,000万円以上	195.5万円
65歳以上	330万円未満	110万円
	330万円以上410万円未満	(A)×25%＋ 27.5万円
	410万円以上770万円未満	(A)×15%＋ 68.5万円
	770万円以上1,000万円未満	(A)×５％＋145.5万円
	1,000万円以上	195.5万円

(注)　「公的年金等控除額に係る雑所得」以外の所得に係る合計所得金額が1,000万円以下の場合。1,000万円超の場合は控除額が異なる。

◇所得税の源泉徴収

年金の支払いに関し，所得税が源泉徴収されるのは，１年間の支払年金額が158万円（65歳未満，108万円）以上の人である。毎年秋頃に日本年金機構から翌年分の「扶養親族等申告書」が対象者に送られ，これを提出すると源泉徴収の際に各種所得控除が受けられる。

    申告書を提出した場合

年金支給額から公的年金等控除および各種所得控除を差し引いた残額に税率を乗じた額が源泉徴収される（１円未満切捨て）。税

率は，平成19年以降5％だったが，平成25年から令和19年までは復興特別所得税（所得税に対して2.1％）が加算され，合計税率5％×1.021＝5.105％となった。

また，介護保険料，国民健康保険料の他，個人住民税（平成21年10月から）が，65歳以上の人の年金から天引きされる。

控除額は，配偶者控除，扶養控除（1人当たり）38万円等，必ずしも確定申告時の控除額と同一でないものもある。

| 申告書を提出しなかった場合 |

扶養控除等の控除が受けられず，下記の計算による額が源泉徴収される。

【令和2年以降】
◇扶養親族等申告書を提出した場合※
　源泉徴収税額＝|年金支給額－社会保険料額－（基礎的控除額＋人的控除額)|×5.105％
◇扶養親族等申告書を提出しなかった場合
　源泉徴収税額＝（年金支給額－社会保険料額－基礎的控除額）×5.105％

※税制改正に伴い，令和2年分以降の扶養親族等申告書については，提出された場合とされなかった場合で，所得税率に差がなくなった。このため，令和2年分から，扶養親族がおらず，受給者本人が障害者や寡婦（寡夫）等に該当しない場合，扶養親族等申告書は提出不要。

公的年金の源泉徴収

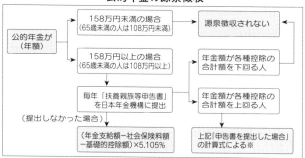

◇公的年金所得者の確定申告手続きの簡素化

その年中の公的年金等の収入金額が400万円以下（2ヵ所以上あるときは合計額）であり，かつその年分の公的年金等に係る雑所得以外の所得金額が20万円以下であれば，その年分の所得税について確定申告書を提出する必要がないとされた。ただし，確定申告が不要な場合でも，住民税の申告が必要となる場合がある。

24 退職金の税金

◇要するに……

退職金の税金は，終身雇用制度を前提としている。1つの会社に長く勤務した人が税の面で得になる。また，一定の手続きをすれば，他の所得とは総合されず，課税関係は終了する。

◇退職所得の金額の計算

課税退職所得の金額＝（退職一時金－退職所得控除額）× $\frac{1}{2}$

(注1) 勤続5年以下の役員等は，2分の1課税の措置はない。
(注2) 役員以外の者としての勤務年数が5年以下の場合，退職金から退職所得控除額を差し引いた額のうち300万円超の部分は，2分の1計算の適用はない。
(注3) 上記の計算方法は，一般退職手当等のケースである。

◇課税の方法

退職所得控除額（通常の場合）

(所得税法第30条第3項)

勤続年数	退職所得控除額
20年以下	40万円×勤続年数（80万円未満の場合は80万円）
20年超	70万円×（勤続年数－20年）＋800万円

(注) 勤続年数については，1年未満は1年に切り上げる。

他の所得とは総合されず，分離して税額を計算する。税率は総合課税の税率が適用される。税額＝退職所得の金額×税率

◇納税方法

退職所得の源泉徴収税額の速算表

課税退職所得金額(A)		所得税率(B)	控除額(C)	税額＝(A×B－C)×102.1%
	195万円以下	5%	－	(A×5%　　　　　　　)×102.1%
195万円超	330万円〃	10%	97,500円	(A×10%－　　97,500円)×102.1%
330万円〃	695万円〃	20%	427,500円	(A×20%－　427,500円)×102.1%
695万円〃	900万円〃	23%	636,000円	(A×23%－　636,000円)×102.1%
900万円〃	1,800万円〃	33%	1,536,000円	(A×33%－1,536,000円)×102.1%
1,800万円〃	4,000万円〃	40%	2,796,000円	(A×40%－2,796,000円)×102.1%
4,000万円〃		45%	4,796,000円	(A×45%－4,796,000円)×102.1%

(注1) 求めた税額に1円未満の端数があるときはこれを切り捨てる。
(注2) 復興特別所得税102.1%を加味する。

退職金の支払いを受けるときまでに，「退職所得の受給に関する申告書」を提出していれば，源泉徴収で課税が終了するので，原則として確定申告不要である。申告書を提出しないと一律20.315%の

所得税が源泉徴収され，確定申告する必要が生ずることもある。

◇**事例**：勤続39年1月の男性（平成29年4月以降の退職）
　　　　退職一時金2,600万円の退職所得はいくらか

<退職所得の計算>

課税退職所得＝（2,600万円－退職所得控除額）×$\frac{1}{2}$

　　退職所得控除額＝70万円×(40年－20年)＋800万円＝2,200万円

　　課税退職所得＝（2,600万円－2,200万円）×$\frac{1}{2}$＝200万円

　　所得税：（200万円×10％－9.75万円）×102.1％＝104,652円

　　　　　　　(1円未満切捨て)

　　住民税：200万円×10％＝20万円　　　合計304,652円

(注)・勤続年数39年1月は，1年未満を切り上げて40年とする。
　　・税額早見表は2分の1にする前の数字なので，下表の400万円欄を見る。
　　・住民税率は平成19年1月から一律10％。現年課税による10％控除は，平成25
　　　年1月1日から廃止された。

退職一時金の税額早見表（平成25年1月1日以後の退職）

退職所得控除額差し引き後の金額 （2分の1とする前の金額）	所得税額	住民税額	税額合計
100万円	25,525円	50,000円	75,525円
120	30,630	60,000	90,630
140	35,735	70,000	105,735
160	40,840	80,000	120,840
180	45,945	90,000	135,945
200	51,050	100,000	151,050
250	63,812	125,000	188,812
300	76,575	150,000	226,575
350	89,337	175,000	264,337
400	104,652	200,000	304,652
450	130,177	225,000	355,177
500	155,702	250,000	405,702
600	206,752	300,000	506,752
700	278,222	350,000	628,222
800	380,322	400,000	780,322
900	484,522	450,000	932,422
1,000	584,522	500,000	1,084,522
1,100	686,622	550,000	1,236,622
1,200	788,722	600,000	1,388,722
1,300	890,822	650,000	1,540,822
1,400	994,454	700,000	1,694,454
1,500	1,111,869	750,000	1,861,869
1,600	1,229,284	800,000	2,029,284
1,700	1,346,699	850,000	2,196,699
1,800	1,464,114	900,000	2,364,114
1,900	1,632,579	950,000	2,582,579
2,000	1,801,044	1,000,000	2,801,044

(注)退職金の額から退職所得控除額を差し引いた後の金額で2分の1にする前の金額。

〈一覧〉年金請求者が行う届出 ※老齢給付については171頁に詳目あり

年金請求する事情	年金請求書等の名称	添付する主な書類等
特別支給の老齢厚生年金の受給権者が65歳に達して諸変更請求をするとき	国民年金・厚生年金保険老齢給付年金請求書（ハガキ様式）	
障害基礎年金の請求をするとき	国民年金障害基礎年金請求書（様式第107号）	年金手帳（被保険者証）戸籍の抄本または住民票の写し（子がいるときは戸籍謄本および住民票の写し等）医師または歯科医師の診断書病歴・就労状況等申立書等
障害給付（障害基礎年金・障害厚生年金）の請求をするとき	国民年金・厚生年金保険・船員保険障害給付請求書（様式第104号）	年金手帳（被保険者証）戸籍の抄本または住民票の写し（配偶者・子がいるときは戸籍謄本および住民票の写し等）子の収入証明（学生証など）配偶者の所得証明等医師または歯科医師の診断書病歴・就労状況等申立書等
遺族基礎年金の請求をするとき	国民年金遺族基礎年金請求書（様式第108号）	死亡した人の年金手帳等（被保険者証）身分関係を明らかにできる戸籍の謄本・住民票の写し等死亡診断書のコピー子の収入証明（学生証など）請求者の所得証明書等
遺族給付（基礎年金・厚生年金）の請求をするとき	国民年金・厚生年金保険・船員保険遺族給付請求書（様式第105号）	死亡した人の年金手帳等（被保険者証）身分関係を明らかにできる戸籍の謄本・住民票の写し等死亡診断書のコピー子の収入証明（学生証など）請求者の所得証明書等
寡婦年金の請求をするとき	国民年金寡婦年金請求書（様式109号）	夫の年金手帳・住民票の写し身分関係を明らかにできる戸籍謄本等請求者の所得証明書
死亡一時金の請求をするとき	死亡一時金請求書	死亡者の年金手帳等死亡者および請求者の戸籍の抄本・住民票の写し等
年金制度加入期間の確認の請求をするとき	年金加入期間確認請求書（様式第122号）	年金手帳（基礎年金番号通知書）

※令和元年7月から，日本年金機構では，マイナンバーを活用した情報連携により，住民票の写し・所得証明書が省略できる場合がある。令和6年3月に戸籍法が改正されたが，今のところマイナンバー活用により戸籍謄本等の添付が省略できるわけではない。

第3章

在職老齢年金と高年齢雇用継続給付

①在職老齢年金

◇**要するに……**

　60歳代前半で受給する特別支給の老齢厚生年金や65歳以降に受給する老齢厚生年金の受給権発生後に年金を受給しようとする場合，引き続き厚生年金保険の適用事業所に勤務したり再就職したりして厚生年金の被保険者になると，老齢厚生年金の額と給与や賞与の額（総報酬月額相当額）に応じて，年金の一部または全部が支給停止になる場合がある。これを「在職老齢年金制度」という。

◇**在職老齢年金とは**

　令和4年度以降の在職老齢年金は，賃金（総報酬月額相当額）と年金（基本月額）の合計額が，支給停止調整額（令和6年度価格50万円）を上回る場合には，当該上回った額の2分の1を支給停止する仕組みである。

> 基本月額＝老齢厚生年金の報酬比例部分（加給年金額を除く）÷12
> 総報酬月額相当額＝標準報酬月額＋その月以前1年間の標準賞
> 　　　　　　　　　与額の総額÷12

　ただし，令和4年3月までは在職老齢年金の支給停止額の算出方法は，60歳から65歳までの間の年金受給者と65歳以降の年金受給者とでは異なっていて，2パターンがあった。

　つまり，60歳代後半の在職老齢年金は，60歳代前半に比べ年金支給額のカット率が緩和された制度であった。

　この異なった2つの在職老齢年金の支給停止額の算出方法が，令和4年4月から受給者の年齢に関わりなく一本化された。

◇**在職老齢年金の制度改正**

　令和4年3月までは65歳未満の在職老齢年金の制度には，「支給停止調整開始額28万円（令和3年度価格）」と「支給停止調整変更額47万円（令和3年度価格）」の2つの基準があり，基本的な年金月額が28万円以下の場合で考えると，基本月額と総報酬月額相当額の合

算額が「支給停止調整開始額28万円」を超えると，超えた額の2分の1が年金額から支給停止される仕組みであった。さらに，基本月額が28万円以下であっても総報酬月額相当額が「支給停止調整変更額47万円（令和3年度価格）」を超えると，超えた額の2分の1がさらに支給停止される仕組みであった。令和4年4月の改正後は，「支給停止調整開始額」と「支給停止調整変更額」が廃止され，年金の支給停止の基準が「支給停止調整額」に一本化されたことから，60歳から65歳までの在職老齢年金と65歳以降の在職老齢年金の調整の仕方に区別がなくなった。

なお，支給停止調整額は毎年度見直され，令和5年度の額は48万円，令和6年度の額は50万円となった。

在職中の年金とは，報酬比例部分と定額部分の合計額のことで，加給年金額は含まれない。加給年金額は，在職老齢年金額が一部でも支給されることになれば，原則支給される。

◇在職老齢年金の支給額（令和6年度）

総報酬月額相当額と基本月額の合計額	支給額
総報酬月額相当額と基本月額の合計額50万円以下	支給停止額なし（全額支給）
総報酬月額相当額と基本月額の合計額50万円超	基本月額−（総報酬月額相当額＋基本月額−50万円）×1／2

（注）支給停止調整額の50万円は毎年度見直される。
（注）算出された支給停止額が，年金額以上となるときは，年金は全額支給停止となる。

令和4年3月までの65歳未満の在職老齢年金制度で年金の一部または全部が支給停止に該当していた人を含めて，令和4年4月からは新たな支給停止基準で再計算され，その結果，支給停止が全部または一部解除された年金を受け取れる場合がある。なお，それまでに支給停止されていた年金がさかのぼって支給はされない。

◇在職老齢年金の支給額計算式

基本月額は，老齢厚生年金の支給停止前の年金額の1ヵ月当たりの額となる。また，総報酬月額相当額は，「被保険者である日の属する月以前の1年間の標準賞与額の総額を12で除して得た額」と「標準報酬月額」の合計額をいう。また，「標準賞与額」とは，1回ごと

の賞与の支払いの上限を150万円とし，1,000円未満を切り捨てたものとなる。

（計算事例）65歳未満で在職中，本来の年金額（報酬比例部分のみ）が120万円の場合，

基本月額＝120万円÷12＝10万円

令和6年5月の標準報酬月額30万円，令和5年7月の賞与額42万円，同年12月の賞与額を90万円とすると，令和6年5月の総報酬月額相当額は次のとおりになる。

総報酬月額相当額＝30万円＋（42万円＋90万円）÷12＝41万円

したがって，基本月額10万円＋41万円＝51万円となることから，在職老齢年金額は，

10万円−（41万円＋10万円−50万円）×1／2＝9.5万円

つまり，令和6年5月分の年金支給停止額は，5,000円となる。

②在職老齢年金の計算方法

◇要するに……

　在職老齢年金は総報酬月額相当額と年金の基本月額によって計算され，この合計額が支給停止調整額（平成6年度価格50万円）を超えるかどうかで在職老齢年金の支給額が変わってくる。

◇在職老齢年金の計算

①基本月額

基本月額＝年金額（加給年金額を除く）÷12

②総報酬月額相当額

総報酬月額相当額＝報酬月額＋当該月以前1年間の標準賞与額の総額÷12

③在職老齢年金の支給額

①＋②の合計額が支給停止調整額50万円を超えるかどうかで異なる。

＜パターン1＞

総報酬月額相当額と基本月額の合計額50万円以下→支給停止額なし（全額支給）

＜パターン2＞

総報酬月額相当額と基本月額の合計額50万円超→基本月額－（総報酬月額相当額＋基本月額－50万円）×1／2で算出される金額が在職老齢年金額

＜パターン1＞

> 本来の年金額（報酬比例部分のみ）が120万円。令和6年5月の標準報酬月額30万円，その月以前1年間の標準賞与額は令和5年6月の賞与額30万円，同年12月の賞与額42万円とする。

基本月額＝120万円÷12＝10万円

令和6年5月の総報酬月額相当額＝30万円＋（30万円＋42万円）÷12＝36万円

総報酬月額相当額＋基本月額＝36万円＋10万円＜50万円

よって，支給停止はなく全額支給（10万円）となる。

＜パターン２＞

> 本来の年金額（報酬比例部分のみ）が150万円。令和６年５月の
> 標準報酬月額30万円，その月以前１年間の標準賞与額は令和５
> 年６月の賞与額60万円，同年12月の賞与額90万円とする。

基本月額＝150万円÷12＝12.5万円

令和６年５月の総報酬月額相当額＝30万円＋（60万円＋90万円）÷
12＝42.5万円

総報酬月額相当額＋基本月額＝42.5万円＋12.5万円＝55万円＞50万
円

　よって年金支給月額は次のようになる。

年金支給月額＝基本月額－（総報酬月額相当額＋基本月額－50万
円）×1／2

＝12.5万円－（42.5万円＋12.5万円－50万円）×1／2＝10万円

　よって在職老齢年金は10万円（基本月額12.5万円のうち2.5万円
は支給されない）の支給となる。

◇加給年金額との関係

　老齢厚生年金に加給年金額が加算されている場合は，在職老齢年
金制度により年金額の一部が支給停止になっていても，加給年金額
は減額されずに原則として支給される。ただし，老齢厚生年金の全
額が支給停止になった場合には，加給年金額も支給停止される。な
お，加給年金額対象配偶者が厚生年金保険の被保険者期間が20年以
上ある老齢厚生年金を受給している間は，老齢厚生年金に加算され
ている加給年金額は全額支給停止される。

　令和４年４月からは加給年金額の支給停止の見直しが行われ，加
給年金対象配偶者に20年以上の厚生年金の加入期間があり，かつ老
齢厚生年金の受給開始年齢に達していて受給権者となっているとき
は，配偶者自身の老齢厚生年金が在職老齢年金制度の支給停止等に
より老齢厚生年金を実際に受給していない場合でも，受給者本人の
加給年金額は支給停止されることになった。この場合，令和４年３
月時点で加給年金額が支給されている場合（加給年金対象配偶者の
老齢厚生年金が全額支給停止されている場合に限る）は，経過措置
として令和４年４月以降も原則として引き続き加給年金額の支給が

継続されることになっている。経過措置の終了事由に該当する場合は支給が終了する。

◇65歳以後の在職時改定の導入（令和4年4月1日施行）

老齢厚生年金の受給者が65歳以降に厚生年金保険の被保険者として加入を継続した場合，従来は資格喪失時（退職時または70歳に達した時）に老齢厚生年金の受給権取得時以降の被保険者期間を算入し年金額の再計算が行われた。改正により，在職中であっても定期的に年金額に反映させる制度が導入された。

基準日（毎年9月1日）において被保険者（受給権者）の老齢厚生年金について，前年9月から当年8月までの被保険者期間を算入して年金額を再計算し，毎年10月分の年金から改定され支給される。対象者は，65歳以上70歳未満の年金受給権者であって，65歳未満は適用されない。

また，この在職定時改定により初めて厚生年金保険の被保険者期間が240月以上となった場合，要件を満たしている配偶者等がいるときは加給年金額がそのときから加算される。

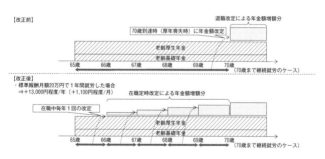

出典：厚生労働省

◇70歳以上の在職者の老齢厚生年金の調整

70歳以上の在職者にも在職老齢年金制度と同様の調整の方式を適用する。ただし，70歳以降被保険者とはされないため，保険料の負担はない。また，被用者年金一元化法により，調整対象外とされていた昭和12年4月1日以前生まれの人についても同様の調整が行われることになった。ただし，激変緩和措置があり，年金と賃金の合計の10%を支給停止の上限とすることとなっている。

③在職老齢年金と再就職の形態

◇**要するに…**

1. 在職老齢年金は，老齢厚生年金および退職共済年金の受給権が発生した以降も，被用者年金制度に加入し勤務する場合，支給額の調整の対象となる。つまり，老齢厚生年金（退職共済年金を含む）の受給権を得ても，在職中に無条件で年金の全額が支払われるわけではなく，在職中の給与や賞与額の多寡により一部または全部の年金を支給停止される場合がある。

2. 平成27年10月1日以降は，厚生年金制度に加入して被保険者（第1号〜第4号厚生年金被保険者）となって働くと，在職老齢年金の対象となる。

3. 厚生年金の被保険者とならない場合は，老齢厚生年金（退職共済年金を含む）の全額を受け取ることができる。

◇**厚生年金に加入して勤務する人**

支給開始年齢まで厚生年金に加入していた人が，引き続き支給開始年齢以降も職場で働く場合や再就職した場合は，在職老齢年金の対象となり，総報酬月額相当額（その月の標準報酬月額とその月以前1年間の標準賞与額の総額の12分の1の合算額）をもとに支給される年金額が計算される。また，厚生年金に加入しない民間事業所に就職したり，個人事業主となった場合は，全額の老齢厚生年金（退職共済年金を含む）が支給される。

公務員等であった方々についても，同様の扱いとなる。

	加入制度⇒支給開始年齢以後	支給内容
パターン1	厚生年金⇒厚生年金加入（厚生年金とは第1号〜第4号厚生年金のすべて）	・支給開始年齢以降の総報酬月額相当額で年金を調整 ・退職後または65歳からの年金は毎年定時改定で再計算され増える（93頁参照） ・65歳以降も在職中は，在職停止あり ・老齢基礎年金は全額支給される
パターン2	厚生年金⇒厚生年金制度未加入の事業所	・老齢厚生年金は全額支給 ・65歳以降は，老齢厚生年金と老齢基礎年金は全額が併給される
パターン3	厚生年金⇒自営業・無職	同上

被用者年金制度の一元化前（平成27年9月まで）は，在職中の加入年金制度により，老齢厚生年金または退職共済年金の支給停止額の計算方式が異なっていたが，一元化法が施行された平成27年10月1日以降は，（原則）支給停止額の計算は従前の厚生年金の支給停止額の計算方法に一本化された。

受給年金	一元化前 (平成27年9月以前)			一元化後 (平成27年10月～令和4年3月)			令和4年4月以後	
	適用年金制度	60歳～65歳未満	65歳～	一元化後の適用年金制度	60歳～65歳未満	65歳～	60歳～65歳未満	65歳～
（厚生年金）老齢厚生年金　厚生年金	厚生年金	低在老	高在老	一般厚生年金（第1号厚生年金）				
	各共済組合	停止なし	停止なし					
（国・地方共済）退職共済年金	厚生年金	高在老	高在老	国共済厚生年金（第2号厚生年金）	低在老	高在老	高在老	
	私学共済	高在老	高在老	地共済厚生年金（第3号厚生年金）				
	国家公務員共済　地方公務員共済	低在老	低在老					
（私学共済）退職共済年金	厚生年金	高在老	高在老	私学共済年金（第4号厚生年金）				
	私学共済	低在老	高在老					
	国家公務員共済　地方公務員共済	高在老	高在老					

低在老：低年齢在職老齢年金（令和4年3月までの間で，65歳未満の在職老齢年金支給停止制度）

高在老：高年齢在職老齢年金（65歳到達以後の在職老齢年金支給停止制度）

　一元化後（平成27年10月1日以後）は，複数の老齢厚生（退職共済）年金の受給権があるときは，在職停止の計算は，すべて退職共済年金と老齢厚生年金と合算して計算される。支給停止額を計算後，支給停止額を案分しそれぞれの年金から控除され支給される。

◇令和4年4月からの在職老齢年金の見直し

　65歳未満の人を対象とする在職老齢年金が大幅に見直され，低在老による支給停止であったものが高在老と同じ基準となり，年齢による区分がなくなった。

④高年齢雇用継続給付とは

◇要するに……

1．60歳以降も引き続き勤務を続けるか，再就職して雇用保険の被保険者となる場合で，60歳以降の賃金が，60歳到達時の賃金の75％未満に減少した場合に，雇用保険から支給される。

2．金額は賃金の15％を原則とし賃金との合計で37万452円（令和5年8月1日現在）を上限としている。例年8月に変更される。

◇60歳台前半の雇用を促進するのが目的

現在の特別支給の老齢厚生年金，退職共済年金は，昭和16年4月2日生まれの男性から，段階的に65歳支給へと移行していく。

しかし，60歳定年が平成10年から義務化されても，当時は60歳以降については働ける保証はなかった。

そこで当時の労働省が60歳台前半の雇用を促進するために制度化したのが「高年齢雇用継続給付」である。平成7年4月から支給が開始されたが，「政府が雇用保険で補助するから，60歳以後もとにかく雇用の場を与えてほしい」というのが，その趣旨である。

◇「高年齢雇用継続基本給付金」と「高年齢再就職給付金」

高年齢雇用継続給付には次の2つがある。

①高年齢雇用継続基本給付金

60歳以降雇用保険の被保険者として引き続き雇用される場合，または基本手当を1日も受給せず再就職した場合で，支給対象月の賃金額が60歳到達時の賃金月額の75％未満に低下した状態で雇用されている人に支給される。

ただし，被保険者であった期間が5年以上あることが必要。

②高年齢再就職給付金

60歳に達した後に失業給付を受給した後，100日以上の給付日数を残し再就職して雇用保険の被保険者になった人に支給される。支給要件は，再就職後の賃金額が「直前の離職時の賃金月額と比べて

75％未満に低下していることと，被保険者期間が5年以上あること」となっている。なお，再就職にあたって，再就職手当を受給した人には，この高年齢再就職給付金は支給されない。

◇支給額（令和5年8月現在）

各支給対象月ごとに原則として次の計算式により決定される。
⑦支給対象月の賃金額が60歳到達時の賃金月額の61％以下のとき

> 支給対象月の賃金額×0.15

※令和7年4月以降昭和40年4月2日以後生まれの方については，高年齢雇用継続基本給付金の上限が「賃金額×10％」となる予定。
⑦支給対象月の賃金額が60歳到達時の賃金月額の61％超75％未満のとき

$$
支給額 = -\frac{183}{280} \times 支給対象月の賃金 + \frac{137.25}{280} \times 60歳到達月の賃金
$$

※賃金と給付額の合計が月額37万452円を超える場合は，37万452円からその賃金の額を差し引いた額が支給される（毎年8月に改定）。なお，60歳到達時の賃金月額の75％未満であっても支給対象月の賃金が37万452円を超えている場合は，支給されない。
※支給額の最低限度額は2,196円。高年齢雇用継続基本給付の算定額がこの額を超えない場合は支給されない。
※高年齢再就職基本給付金は「60歳到達時の賃金月額を直前の離職時の賃金月額」と読み替えて計算する。

◇支給期間

高年齢雇用継続基本給付金は，65歳に達する月まで。

高年齢再就職給付金は，再就職した日の前日における基本手当（失業給付）の支給残日数に応じて下の表のとおりとなる。ただし，被保険者が65歳に達した場合は，65歳に達した月まで。なお，基本手当の給付日数が定年退職者の場合，最高150日になるので，高年齢再就職給付金について支給期間2年間は空文化している。

基本手当の支給残日数	高年齢再就職給付金の支給期間
200日以上	2年間
100日以上200日未満	1年間

⑤高年齢雇用継続基本給付金の額

◇**高年齢雇用継続基本給付金の計算式（令和５年８月現在）**

W：支給対象月の賃金，Wo：60歳到達時の賃金（※）

①Wが Wo の61％以下→ W ×0.15

②WがWoの61％超〜75％未満→ $-\dfrac{183}{280} \times W + \dfrac{137.25}{280} \times Wo$

$-\dfrac{183}{280}$ ×支給対象月の賃金＋$\dfrac{137.25}{280}$ ×60歳到達時の賃金

③ W と給付金の合計額が37万452円超→37万452円－ W

④給付金が2,196円以下→支給されない

※60歳到達時の賃金の上限額　48万6,300円　下限額　８万2,380円

◇**計算例**

> 60歳到達時の賃金月額が42万円，60歳以降25万円で勤務

①$\dfrac{420,000円×６ヵ月}{180日}$ ＝14,000円（みなし賃金日額）

②14,000円×30日＝420,000円＞250,000円

③$\dfrac{250,000円}{420,000円}$ ×100＝59.52％

④支給対象月の賃金が61％以下なので，250,000円×0.15＝37,500円

⑤250,000円＋37,500円＝287,500円＜37万452円　∴37,500円

> 60歳到達時の賃金月額が40万円，60歳以降28万円で勤務

①$\dfrac{400,000円×６ヵ月}{180日}$ ＝13,333.33円

②13,333.33円×30日＝400,000円＞280,000円

③$\dfrac{280,000円}{400,000円}$ ×100＝70％→（75％＞70％＞61％）

④$-\dfrac{183}{280}$ ×280,000円＋$\dfrac{137.25}{280}$ ×400,000円＝13,071円

⑤280,000円＋13,071円＝293,071円＜37万452円

⑥∴13,071円

(注)在職老齢年金と高年齢雇用継続基本給付金との併給調整については，104頁参照。

上記の計算は，端数処理の関係上実際の額と異なる場合がある。

高年齢雇用継続基本給付金早見表（目安表）

（令和5年8月現在） （単位：円）

60歳以降各月の賃金	60歳到達時賃金（賃金日額×30日分）							
	48万6,300円以上	45万円	40万円	35万円	30万円	25万円	20万円	16万円
36万円	3,096	0	0	0	0	0	0	0
35万円	9,625	0	0	0	0	0	0	0
34万円	16,150	0	0	0	0	0	0	0
33万円	22,704	4,917	0	0	0	0	0	0
32万円	29,248	11,456	0	0	0	0	0	0
31万円	35,743	17,980	0	0	0	0	0	0
30万円	42,300	24,510	0	0	0	0	0	0
29万円	43,500	31,059	6,525	0	0	0	0	0
28万円	42,000	37,576	13,076	0	0	0	0	0
27万円	40,500	40,500	19,602	0	0	0	0	0
26万円	39,000	39,000	26,130	0	0	0	0	0
25万円	37,500	37,500	32,675	8,175	0	0	0	0
24万円	36,000	36,000	36,000	14,712	0	0	0	0
23万円	34,500	34,500	34,500	21,252	0	0	0	0
22万円	33,000	33,000	33,000	27,764	3,278	0	0	0
21万円	31,500	31,500	31,500	31,500	9,807	0	0	0
20万円	30,000	30,000	30,000	30,000	16,340	0	0	0
19万円	28,500	28,500	28,500	28,500	22,876	0	0	0
18万円	27,000	27,000	27,000	27,000	27,000	4,896	0	0
17万円	25,500	25,500	25,500	25,500	25,500	11,441	0	0
16万円	24,000	24,000	24,000	24,000	24,000	17,968	0	0
15万円	22,500	22,500	22,500	22,500	22,500	22,500	0	0
14万円	21,000	21,000	21,000	21,000	21,000	21,000	6,538	0
13万円	19,500	19,500	19,500	19,500	19,500	19,500	13,065	0
12万円	18,000	18,000	18,000	18,000	18,000	18,000	18,000	0
11万円	16,500	16,500	16,500	16,500	16,500	16,500	16,500	6,534
10万円	15,000	15,000	15,000	15,000	15,000	15,000	15,000	13,070
9万円	13,500	13,500	13,500	13,500	13,500	13,500	13,500	13,500
8万円	12,000	12,000	12,000	12,000	12,000	12,000	12,000	12,000
7万円	10,500	10,500	10,500	10,500	10,500	10,500	10,500	10,500

※高年齢雇用継続給付として計算額が2,196円を超えない場合は支給されない。

6 定年退職者と失業給付

◇要するに……

1. 60歳以降に定年や契約期間満了により退職した人は，求職をし職がなければ，失業給付の対象となる。

2. 失業給付（基本手当）を受けている間は，60歳台前半の老齢厚生年金（報酬比例部分の年金や特別支給の老齢厚生年金を含む）が停止。

◇失業給付（基本手当）とは

失業とは，①被保険者が離職し，②労働の意思および能力があるにもかかわらず，③職業に就くことができない状態をいう。

そして，離職の日以前2年間に通算して12ヵ月以上の被保険者期間を持つ人が失業した場合，雇用保険から当該賃金日数に応じた率を乗じた額が失業給付として支給される。ただし，倒産やリストラによる離職者の場合は，離職日以前1年間に6ヵ月以上被保険者期間があれば基本手当が支給される。

> **●被保険者期間**（離職日が令和2年8月1日以降の場合の取扱い）
> 離職日から1ヵ月ごとに区切っていた期間に，賃金の基礎となった日数が11日以上ある月，または賃金支払いの基礎となった労働時間数が80時間以上ある月を1ヵ月としてカウント。

基本手当は，受給資格者が離職後，公共職業安定所に離職票を提出し求職の申込みをした上，失業の認定を受けた日について支給される。失業の認定は原則として4週間に1回行われる。

基本手当日額の目安表（60歳以上65歳未満）（令和5年8月1日現在）

賃金日額（A）	基本手当日額
2,746円以上5,110円未満	A×80%
5,110円	4,088円
6,000円	4,498円
7,000円	4,851円
8,000円	4,920円
9,000円	4,970円
10,000円	5,020円
11,300円超16,210円以下	A×45%
16,210円（上限額）超	7,294円　ただし，7,294円が上限

一般被保険者の所定給付日数 （定年退職や自発的離職の場合）

被保険者期間 年齢等	5年未満	5年以上 10年未満	10年以上 20年未満	20年以上
65歳未満	90日	90日	120日	150日

◇賃金日額とは

賃金日額は，離職の日前1年間のうち最後の6ヵ月間に支払われた賃金の総額（賞与は除く）を180で除した額である。

◇雇用保険一般被保険者の加入要件

①1週の所定労働時間が20時間以上あること

②31日以上引き続き雇用見込みがあること

※平成29年1月1日以降は，新規に雇用保険被保険者となる対象者が拡大され，65歳以上の人も要件を満たしていれば被保険者となり，令和3年4月からは，65歳以降の人も保険料が徴収される。

60歳以上65歳未満の人が受ける主な雇用保険の給付 （令和5年8月現在）

	給付の条件	給付額および給付日数
基本手当	離職し，就職の意思と能力がありながら失業状態にある場合，離職日以前2年間（疾病・負傷などの期間がある場合は最長4年間）に被保険者期間が12ヵ月（会社都合等では6ヵ月）以上あるとき	政令で定める基本手当額算出方法により，賃金日額の最低6割から最高8割（高齢者は4.5～8割），年齢別基本手当日額の上限額（60～65歳未満の場合7,294円）を離職理由や年齢および被保険者期間等によって60～65歳未満の場合，原則最短90日から最長240日支給される
再就職手当	基本手当の支給残日数が所定給付日数の3分の1以上ある受給者が安定した職業についたとき	基本手当の支給日数の残日数により給付率が異なる ただし，再就職手当金と高年齢再就職給付金は，どちらか一方を選択する
高年齢雇用継続給付金等	Ⓐ5年以上の被保険者期間のある人が60歳以後の継続雇用の際の賃金がそれ以前に比べて75%未満であるとき Ⓑ基本手当を受けた後給付日数を100日以上残し60歳以後再就職し，その賃金がそれ以前に比べて75%未満であるとき	Ⓐ賃金と給付金の合計が37万452円の限度内で ①継続雇用の賃金が60歳時の賃金の61%以下であるときは賃金額の15% ②継続雇用の賃金が60歳時の賃金の61%超75%未満であるときは15%から一定の割合で逓減した額を65歳になるまで支給（基本給付金） Ⓑ支給残日数が100日以上200日未満は1年間，200日以上は2年間の範囲内の期間について上記の額（再就職給付金）。ただし，再就職手当金を受給したときは高年齢再就職給付金は支給されない

※65歳以上で離職した場合で「失業の状態」にあるときは，要件を満たせば「高年齢求職者給付金」（被保険者であった期間が1年以上のときは，50日分，1年未満のときは30日分）が支給される。

⑦失業給付と老齢厚生年金の調整

◇要するに……

　平成10年4月1日以降，失業給付（基本手当）が受けられる間は65歳未満の人が受ける60歳台前半の老齢厚生年金は停止される。対象者は金額の多い方を選択することになる。この併給調整が，平成10年4月1日以後に60歳台前半の老齢厚生年金を受ける権利を取得した人が対象である。

◇失業給付の金額

> 　昭和37年4月20日生まれの女性で，令和6年4月20日付で定年（62歳）。定年前6ヵ月間の給料は月50万円で38年間勤務。62歳以降も働きたいのだが，勤務先が見つからなかった場合，どうなるか。

　20年以上勤務し62歳で定年退職しているので150日の失業給付が受けられる。

賃金日額の計算（令和5年8月現在）

$$\frac{50万円 \times 6ヵ月}{180日} = 16,666円$$ ただし，賃金日額の上限が16,210円であるため，この人の賃金日額は16,210円となる。

　100頁下表の離職時の年齢が60歳以上65歳未満に該当し，賃金日額の45%支給となる。下記の金額を4週間に一度受け取る。

16,210円 × 0.45 = 7,294円（上限額）

7,294円 × 28日 = 204,232円

　また，所定給付日数は150日なので，就業しないまま150日に達したときの総支給額は7,294円 × 150日 = 1,094,100円となる。

◇60歳台前半の老齢厚生年金との関係

　失業給付（基本手当）を受けている間で65歳未満の間は，60歳台前半の老齢厚生年金は停止される。なお，昭和28年4月2日以後生まれの人の場合，60歳台前半の老齢厚生年金の支給開始年齢が生年月日・性別により異なることに注意が必要（65頁参照）。

支給が停止される期間は，公共職業安定所（ハローワーク）で求職の申込みをした日の翌月から，失業給付の受給期間（または所定給付日数）が満了する日の属する月までである。

ただし，年金は月単位，基本手当は日単位で支給されるために，同一月の全期間が併給状態にない場合がある。そこで失業給付を受けたとみなされる日，およびこれに準ずる日（待期期間や給付制限期間）が1日もない月や在職老齢年金の仕組みにより年金額の一部が支給停止になっている月などは，老齢厚生年金は停止されない。

また支給停止された老齢厚生年金は失業給付の満了時に，支給停止解除月数（年金停止月数−失業給付の支給対象日数÷30）が1以上のときは，事後に相当月数分がさかのぼって受けられる。

所定給付日数150日の例

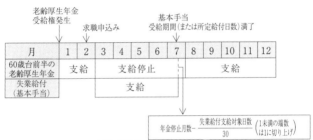

上記の計算結果が1以上あれば相当月数分を事後に支給

（注）上記とは逆に基本手当を受けている人が老齢厚生年金の受給権を取得した場合は，取得月の翌月から老齢厚生年金は支給停止となる。

◇併給調整の手続き

平成10年4月以後，60歳台前半の老齢厚生年金を年金事務所で年金請求を行う場合には，次の事項が必要である。
・年金請求書に雇用保険被保険者番号の記入
・雇用保険被保険者証（写）等の添付

⑧ 在職老齢年金と高年齢雇用継続基本給付金の調整

◇要するに……

在職中に高年齢雇用継続基本給付金を受給している間は，在職老齢年金を調整される。調整率は標準報酬月額の最大6％。

◇支給停止額

①在職老齢年金受給権者の標準報酬月額が60歳到達時賃金月額の61％以下のとき

$$標準報酬月額 \times \frac{6}{100}$$

②前記①の割合が61％超75％未満のとき

$$X = \frac{新しい賃金}{60歳到達時の賃金}$$

$$標準報酬月額 \times \left(\frac{-183X + 137.25}{280X} \times \frac{6}{15} \right)$$

③ただし，①または②の計算式で求めた額 $\times \frac{15}{6}$ の額と標準報酬月額との合計額が支給限度額を超えるときは，次の額を支給停止額とする。

$$\{(支給限度額37万452円) - 標準報酬月額\} \times \frac{6}{15}$$

事例

昭和37年4月21日生まれの第1号厚生年金被保険者の女性。63歳の定年以降も再雇用で継続して勤務予定。昭和56年4月～平成15年3月の期間…264月（平均標準報酬月額43万円），平成15年4月～令和7年3月の期間…264月（平均標準報酬額65万円）。60歳到達時の賃金は50万円／月，63歳の定年まで続く予定。賞与支給実績として令和6年6月に70万円，同年12月に90万円ある。再雇用後の賃金は28万円／月，賞与の支給はない。60歳台前半の老齢厚生年金の支給開始年齢は63歳（令和7年4月20日受給権発生）となる。

［再雇用後の高年齢雇用継続基本給付金の計算］

低下率：280,000円 ÷ 486,300円 ≒ 57.58％ ＜ 61.0％

（60歳到達時の賃金が50万円と上限額486,300円を超えているため，486,300円（令和5年8月の上限額）となる。

高年齢雇用継続基本給付金：280,000円×15％＝42,000円

（令和7年4月から，昭和40年4月2日以後生まれの方の高年齢雇用継続基本給付金の支給率の上限が10％となる予定）

［63歳から65歳到達月までの年金額（報酬比例部分）］

$430,000円 \times \dfrac{7.125}{1,000} \times 264月 + 650,000円 \times \dfrac{5.481}{1,000} \times 264月 = 1,749,370円$

基本月額＝1,749,370円÷12≒145,780円

［在職老齢年金の計算］…受給権の発生日が令和7年4月20日となり，支給開始は令和7年5月分からとなる。

①令和7年5月の総報酬月額相当額＝280,000円＋（700,000円＋900,000円）÷12≒413,333円

②令和7年6月～11月の総報酬月額相当額＝280,000円＋900,000円÷12≒355,000円

③令和7年12月以降の総報酬月額相当額＝280,000円

※65歳未満の在職老齢年金の計算

　厚生年金保険の被保険者期間中の支給停止額の算出の基準が，令和6年度では50万円へ改定された。このため，その月の総報酬月額相当額と基本月額を合算した額から50万円（令和6年度額）を超えた額の2分の1が支給停止額となる。支給停止額が計算上マイナスとなる場合は，年金は全額支給となり，支給停止額が基本月額を超える場合は，年金は全額支給停止となる。

①の期間の在職老齢年金額＝145,780円－（413,333円＋145,780円－500,000円）÷2≒116,223円

②の期間の在職老齢年金額＝145,780円－（355,000円＋145,780円－500,000円）÷2≒145,390円

③の期間の在職老齢年金額＝145,780円－（280,000円＋145,780円－500,000円）÷2＝145,780円（全額支給）

［高年齢雇用継続基本給付金との調整］

調整額：280,000円×6％＝16,800円（高年齢雇用継続基本給付金が15％支給のときは標準報酬月額の6％が控除される）

①の期間の調整後年金支給額＝116,223円－16,800円＝　99,423円

②の期間の調整後年金支給額＝145,390円－16,800円＝128,590円

③の期間の調整後年金支給額＝145,780円－16,800円＝128,980円

⑨高年齢雇用継続給付の支給申請手続き

◇要するに……

　高年齢雇用継続給付は，受給資格の確認を受けた被保険者が，支払われた賃金の月額が公共職業安定所（ハローワーク）より交付される「高年齢雇用継続給付受給資格確認通知書」に記載された「賃金月額の75％」未満に低下した場合に，次の手続きを行うことにより支給される。

◇提出者は事業主

　高年齢雇用継続給付の支給申請者は，その支給を受けることになる被保険者本人であるが，できるだけ事業主が提出するよう労使間で協定し，事業所ごとにまとめて事業主が提出するよう要請されている。したがって，多くの場合は事業主が提出することとなる。

◇提出書類と提出先

　提出書類は「高年齢雇用継続給付支給申請書」（初回の支給申請は「高年齢雇用継続給付受給資格確認票・（初回）高年齢雇用継続支給申請書」を使用）で，提出先は事業所を管轄する公共職業安定所である。

　高年齢雇用継続給付支給申請書には，賃金台帳，出勤簿などの記載内容を証明する書類を添付することが求められている。

◇申請の時期

　高年齢雇用継続給付は，各暦月について支給されるが，一度の申請で終わるというものではなくて，原則として2ヵ月ごとにまとめて支給申請を行うが，実際には，事業所ごとに定められた型（奇数月型または偶数月型）に従って行う。

◇給付金は被保険者の口座に振り込まれる

　高年齢雇用継続基本給付金は，被保険者の申出により，被保険者

106

の普通預金口座へ振り込む方法で支給される。

その手続きは，被保険者が「受給資格確認票」の「払渡希望金融機関指定届」に所要の記載を行う。

高年齢雇用継続基本給付金の手続きの流れ（初回の支給申請時）

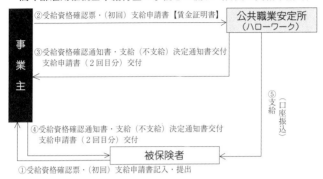

提 出 者	事業主または被保険者
提出書類	①高年齢雇用継続給付支給申請書 ※個人番号欄にマイナンバー（個人番号）を記載する ②払渡希望金融機関指定届（高年齢雇用継続給付受給資格確認票にあるものを使用する）
添付書類	①雇用保険被保険者六十歳到達時等賃金証明書 ②高年齢雇用継続給付受給資格確認票 ③支給申請書と賃金証明書の記載内容を確認できる書類（賃金台帳，労働者名簿，出勤簿など）および被保険者の年齢が確認できる書類等（運転免許証，住民票の写し等。あらかじめマイナンバーを届け出ているときは，年齢確認書類が省略できる）
提 出 先	事業所の所在地を管轄する公共職業安定所（ハローワーク）
提出時期	①初回の支給申請…最初の支給対象月（受給要件を満たし給付金の支給の対象となった月をいう）の初日から起算して4ヵ月以内 ②2回目以降の支給申請…管轄公共職業安定所長の指定する支給申請月の支給申請日

◇振込指定獲得のメリット

高年齢雇用継続給付は在職老齢年金とは別個の支給であり，銀行振込によるため，その獲得の効果は高い。

事業所等を訪問する際には，定年以降も引き続き勤務する人がいれば，在職老齢年金と合わせてのセールスが望まれる。

〈一覧〉在職老齢年金早見表（令和6年4月1日現在）　（単位：万円）

総報酬月額＼年金月額	1万円	2万円	3万円	4万円	5万円	6万円	7万円	8万円	9万円	10万円	11万円	12万円	13万円	14万円	15万円	16万円	17万円	18万円	19万円	20万円
8.8万円(105.6)	1.0	2.0	3.0	4.0	5.0	6.0	7.0	8.0	9.0	10.0	11.0	12.0	13.0	14.0	15.0	16.0	17.0	18.0	19.0	20.0
9.8万円(117.6)	1.0	2.0	3.0	4.0	5.0	6.0	7.0	8.0	9.0	10.0	11.0	12.0	13.0	14.0	15.0	16.0	17.0	18.0	19.0	20.0
12万円(144)	1.0	2.0	3.0	4.0	5.0	6.0	7.0	8.0	9.0	10.0	11.0	12.0	13.0	14.0	15.0	16.0	17.0	18.0	19.0	20.0
14万円(168)	1.0	2.0	3.0	4.0	5.0	6.0	7.0	8.0	9.0	10.0	11.0	12.0	13.0	14.0	15.0	16.0	17.0	18.0	19.0	20.0
16万円(192)	1.0	2.0	3.0	4.0	5.0	6.0	7.0	8.0	9.0	10.0	11.0	12.0	13.0	14.0	15.0	16.0	17.0	18.0	19.0	20.0
18万円(216)	1.0	2.0	3.0	4.0	5.0	6.0	7.0	8.0	9.0	10.0	11.0	12.0	13.0	14.0	15.0	16.0	17.0	18.0	19.0	20.0
20万円(240)	1.0	2.0	3.0	4.0	5.0	6.0	7.0	8.0	9.0	10.0	11.0	12.0	13.0	14.0	15.0	16.0	17.0	18.0	19.0	20.0
22万円(264)	1.0	2.0	3.0	4.0	5.0	6.0	7.0	8.0	9.0	10.0	11.0	12.0	13.0	14.0	15.0	16.0	17.0	18.0	19.0	20.0
24万円(288)	1.0	2.0	3.0	4.0	5.0	6.0	7.0	8.0	9.0	10.0	11.0	12.0	13.0	14.0	15.0	16.0	17.0	18.0	19.0	20.0
26万円(312)	1.0	2.0	3.0	4.0	5.0	6.0	7.0	8.0	9.0	10.0	11.0	12.0	13.0	14.0	15.0	16.0	17.0	18.0	19.0	20.0
28万円(336)	1.0	2.0	3.0	4.0	5.0	6.0	7.0	8.0	9.0	10.0	11.0	12.0	13.0	14.0	15.0	16.0	17.0	18.0	19.0	20.0
30万円(360)	1.0	2.0	3.0	4.0	5.0	6.0	7.0	8.0	9.0	10.0	11.0	12.0	13.0	14.0	15.0	16.0	17.0	18.0	19.0	20.0
32万円(384)	1.0	2.0	3.0	4.0	5.0	6.0	7.0	8.0	9.0	10.0	11.0	12.0	13.0	14.0	15.0	16.0	17.0	18.0	18.5	19.0
34万円(408)	1.0	2.0	3.0	4.0	5.0	6.0	7.0	8.0	9.0	10.0	11.0	12.0	13.0	14.0	15.0	16.0	16.5	17.0	17.5	18.0
36万円(432)	1.0	2.0	3.0	4.0	5.0	6.0	7.0	8.0	9.0	10.0	11.0	12.0	13.0	14.0	14.5	15.0	15.5	16.0	16.5	17.0
38万円(456)	1.0	2.0	3.0	4.0	5.0	6.0	7.0	8.0	9.0	10.0	11.0	12.0	12.5	13.0	13.5	14.0	14.5	15.0	15.5	16.0
40万円(480)	1.0	2.0	3.0	4.0	5.0	6.0	7.0	8.0	9.0	10.0	10.5	11.0	11.5	12.0	12.5	13.0	13.5	14.0	14.5	15.0
42万円(504)	1.0	2.0	3.0	4.0	5.0	6.0	7.0	8.0	8.5	9.0	9.5	10.0	10.5	11.0	11.5	12.0	12.5	13.0	13.5	14.0
44万円(528)	1.0	2.0	3.0	4.0	5.0	6.0	6.5	7.0	7.5	8.0	8.5	9.0	9.5	10.0	10.5	11.0	11.5	12.0	12.5	13.0
46万円(552)	1.0	2.0	3.0	4.0	4.5	5.0	5.5	6.0	6.5	7.0	7.5	8.0	8.5	9.0	9.5	10.0	10.5	11.0	11.5	12.0
48万円(576)	1.0	2.0	2.5	3.0	3.5	4.0	4.5	5.0	5.5	6.0	6.5	7.0	7.5	8.0	8.5	9.0	9.5	10.0	10.5	11.0
50万円(600)	0.5	1.0	1.5	2.0	2.5	3.0	3.5	4.0	4.5	5.0	5.5	6.0	6.5	7.0	7.5	8.0	8.5	9.0	9.5	10.0
52万円(624)	0.0	0.0	0.5	1.0	1.5	2.0	2.5	3.0	3.5	4.0	4.5	5.0	5.5	6.0	6.5	7.0	7.5	8.0	8.5	9.0
54万円(648)	0.0	0.0	0.0	0.5	1.0	1.5	2.0	2.5	3.0	3.5	4.0	4.5	5.0	5.5	6.0	6.5	7.0	7.5	8.0	8.5
56万円(672)	0.0	0.0	0.0	0.0	0.5	1.0	1.5	2.0	2.5	3.0	3.5	4.0	4.5	5.0	5.5	6.0	6.5	7.0	7.5	8.0
58万円(696)	0.0	0.0	0.0	0.0	0.0	0.5	1.0	1.5	2.0	2.5	3.0	3.5	4.0	4.5	5.0	5.5	6.0	6.5	7.0	7.5
60万円(720)	0.0	0.0	0.0	0.0	0.0	0.0	0.5	1.0	1.5	2.0	2.5	3.0	3.5	4.0	4.5	5.0	5.5	6.0	6.5	7.0
62万円(744)	0.0	0.0	0.0	0.0	0.0	0.0	0.0	0.5	1.0	1.5	2.0	2.5	3.0	3.5	4.0	4.5	5.0	5.5	6.0	6.5
64万円(768)	0.0	0.0	0.0	0.0	0.0	0.0	0.0	0.0	0.5	1.0	1.5	2.0	2.5	3.0	3.5	4.0	4.5	5.0	5.5	6.0
66万円(804)	0.0	0.0	0.0	0.0	0.0	0.0	0.0	0.0	0.0	0.5	1.0	1.5	2.0	2.5	3.0	3.5	4.0	4.5	5.0	5.5

「支給停止調整額」＝50万円で計算

(注)
・昭和12年4月2日以後生まれが対象
・「年金月額」は報酬比例相当部分÷12のもの（基本月額）で経過的加算と加給年金額は含まれない
・総報酬月額は「総報酬月額相当額」の略
・総報酬月額相当額＝標準報酬月額＋（以前1年間の）標準賞与の総額÷12
・基本月額＋総報酬月額相当額≦50万円の場合、支給停止額0円
　基本月額＋総報酬月額相当額＞50万円の場合、
　支給額＝基本月額－（基本月額＋総報酬月額相当額－50万円）÷2
・加給年金額は老齢厚生年金が全額停止される間は支給されない
・老齢基礎年金（繰上げた老齢基礎年金を含む）は在職中であっても全額支給される
・65歳からの経過的加算は在職中であっても全額支給される

失業給付（基本手当）月額目安早見表
60歳〜65歳未満

最終賃金	給付率	月額	最終賃金	給付率	月額
10万円	80%	79,980円	31万円		151,080円
11	〃	87,960	32		151,590
12	〃	96,000	33		152,100
13	〃	103,980	34	45%	152,970
14	〃	111,960	35	〃	157,470
15	〃	120,000	36	〃	162,000
16		125,970	37	〃	166,470
17		130,620	38	〃	170,970
18		134,940	39	〃	175,500
19		138,840	40	〃	179,970
20		142,380	41	〃	184,470
21		145,530	42	〃	189,000
22		146,580	43	〃	193,470
23		147,090	44	〃	197,970
24		147,600	45	〃	202,500
25		148,080	46	〃	206,970
26		148,590	47	〃	211,470
27		149,100	48	〃	216,000
28		149,580	49	上限	218,820
29		150,090	50	〃	218,820
30		150,600			

（1ヵ月を30日として計算）
（賃金日額の上限16,210円〈令和5年8月1日現在〉）

高年齢雇用継続給付と60歳台前半の在職老齢年金との調整率（令和6年4月現在）

賃金割合(%)	支給停止率(%)	賃金割合(%)	支給停止率(%)	賃金割合(%)	支給停止率(%)
75.00	0.00	70.00	1.87	65.00	4.02
74.50	0.18	69.50	2.07	64.50	4.26
74.00	0.35	69.00	2.27	64.00	4.49
73.50	0.53	68.50	2.48	63.50	4.73
73.00	0.72	68.00	2.69	63.00	4.98
72.50	0.90	67.50	2.90	62.50	5.23
72.00	1.09	67.00	3.12	62.00	5.48
71.50	1.28	66.50	3.34	61.50	5.74
71.00	1.47	66.00	3.56	61.00以下	6.00
70.50	1.67	65.50	3.79		

※「支給停止率」は，標準報酬月額に対して乗じる率。

第4章

企業年金，国民年金基金等
準公的年金と私的年金

①企業年金とは

◇要するに……

　公的年金といわれる国民年金，厚生年金を補完・援助するのが企業年金である。企業年金は企業が従業員のために自主的に設ける年金制度の総称で，主なものは次のとおり。なお，平成13年10月に新たに確定拠出年金が導入され，平成14年４月に確定給付企業年金が導入された。

企業年金制度	── 厚生年金基金制度
	── 特定退職金共済制度
	── 中小企業退職金共済制度
	── 確定拠出年金
	── 確定給付企業年金
	── その他の企業年金制度

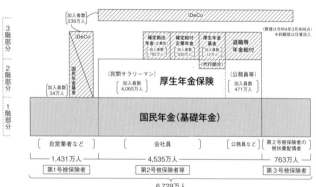

出典：厚生労働省年金局「年金制度基礎資料集」（2023年10月）より

◇退職一時金から企業年金へ

　企業年金は，企業の福利厚生制度の１つである。従業員の老後への不安をなくし，安心して働いてもらおうというのが制度の趣旨である。この制度が，戦後，労働組合運動もあって広く普及した。ところが企業サイドでは，多数の退職者が一度に出る場合の費用負担をどうするかという問題が生じる。これをクリアするためには退職

金の分割支給により，年金化を図るほうが有効である。こうして次第に企業年金が整備されてきた。

◇企業年金の導入状況

企業としては，年金で受け取ってほしいのだが，従業員は依然として退職一時金を好む傾向にある。厚生年金基金の加算部分も一時金として受け取ることが可能なため，多くの退職者が一時金を選択している。企業年金の導入状況は左頁のとおり。

◇なぜ一時金選択が多いか

退職一時金として受け取ると退職所得となり，退職所得控除額が適用されて税金がほとんどかからなくなる。

例）勤続年数38年の人が2,000万円の退職一時金をもらった場合。

退職所得＝（退職収入－退職所得控除額）$\times \frac{1}{2}$

勤続年数	退職所得控除額（一般退職手当等の場合）
20年以下	40万円×勤続年数（最低80万円）
20年超	70万円×（勤続年数－20年）＋800万円

（退職所得の計算）$\left[2{,}000万円 - \{70万円 \times (38年 - 20年) + 800万円\} \right] \times \frac{1}{2} = 0円$

勤続年数に１年未満の端数があるときは１年に切り上げて計算。
退職所得はゼロなので税金はかからない。

ところが，年金として受け取ると雑所得となり課税されてしまう。これが年金型受取りを阻んでしまう１つの要因となっている。

例）月10万円の公的年金と企業年金を年間120万円もらった場合。
――令和６年現在，65歳未満の場合，妻１人（無収入）とする（所得は年金のみとする）。

雑所得金額　（120万円＋120万円）－（240万円×25％＋27.5万円）＝152.5万円
課税所得金額　152.5万円－48万円（基礎控除）－38万円（配偶者控除）＝66.5万円

所得税　（66.5万円×５％）×1.021＝３万3,948円（小数点以下切り捨て）

平成25年に所得税率の改正が行われ，195万円以下の所得の場合，税率は復興特別所得税を含め5.105％（5％×1.021）である（84頁の速算表参照）。令和２年に，公的年金等控除額の改定，基礎控除額の改定が行われた。

②厚生年金基金

◇厚生年金基金の仕組み

　厚生年金基金は，老齢厚生年金の一部を国に代わって支給し，これに一定の企業年金を上乗せする制度で，昭和41年から実施されている。厚生年金との調整を要するため「調整年金」とも呼ばれる。

　基金が国に代わって行う「代行部分」は，老齢厚生年金の報酬比例部分である。代行のコストは，厚生年金保険料から差し引き，残りを保険料として国に納めることになっている。この差し引く部分を免除保険料という。免除保険料率は，平成16年の法改正により，平成17年4月以降2.4%〜5.0%の27段階となった（平均3.7%）。

　事業主は，この免除保険料（労使折半）と企業年金として上積みされる加算部分の掛金を基金に納め，加入員は，代行部分と加算部分の支給を基金から受ける（ただし，厚生年金の標準報酬の再評価と物価スライド部分は国が支給）。支給開始年齢は，老齢厚生年金の受給権を得たときだが，加算部分の一部は有期年金や一時金として受け取ることもできる。

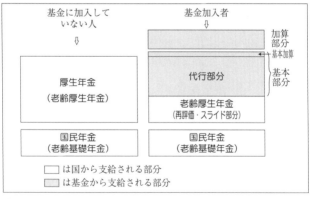

◇基金の税制

　厚生年金基金は，積立金が代行部分の積立金相当額の3.23倍を超えた部分について1.173%（国税1%，地方税0.173%）の特別法人税

がかかる（現在は凍結中）。掛金面では，事業主掛金は全額損金となり，従業員の掛金は社会保険料控除の対象となる。また，年金給付は公的年金等控除が適用され，雑所得として課税の対象となる。

◇激減する基金数

新会計基準に対応するため代行返上が行われたり，運用難のため解散したりと，基金数が激減。ピーク時の1883基金から5基金（令和5年1月末日現在）となっている。代行返上後は確定給付企業年金（基金型）や確定拠出年金（企業型）に移行するケースが多い。

◇基金の新規設立の廃止（平成26年4月1日施行）

財政が悪化した多くの厚生年金基金が存在しているため，国は「厚生年金法の一部を改正する法律」を成立させ，厚生年金基金制度の見直しを行った。改正施行された内容は，厚生年金基金について他の企業年金制度への移行を促しつつ，特例的な解散制度を導入するというもの。見直しの主な内容は次の通り。

①施行日（平成26年4月1日）以後の新規設立は認めない。

②施行日以後5年間の時限措置として，最低責任準備金（基金が解散する場合に，国に返上しなければならないもの）の納付期限・納付方法の特例を設けることで，年金資産が最低責任準備金を下回っている厚生年金基金について，他の企業年金制度への移行や解散することを促す。

③施行日から5年後以降は，厚生年金基金の存続要件を定めて，これを満たさない基金については，厚生労働大臣が第三者委員会の意見を聴いて，解散命令を発動できる。基準を満たした基金については，確定給付企業年金等の他の年金制度へ移行するか，または基金を存続することができる。

厚生年金基金および企業年金連合会に関する規定は現行の厚生年金保険法からすべて削除され，これにより平成26年4月1日以後，厚生年金基金から企業年金連合会への基本年金（代行部分）の支給義務の移換を行うことができなくなった。なお，平成26年4月1日前までに中途脱退者となったときや，基金解散によりすでに年金原資の移換を受けていたときは，それぞれ継続して企業年金連合会から年金として支給が継続されることとなった。

③確定給付企業年金 (DB: Defined Benefit Corporate Pension)

◇要するに……

平成14年度から企業年金の新たな形態として，確定給付企業年金法が施行された。これは既存の厚生年金基金や適格年金の受け皿となる。

これにより，昭和37年の適格年金（平成24年3月末で廃止），昭和41年の厚生年金基金スタート以来，35～40年ぶりに企業年金制度の枠組みが大きく変わることとなった。

確定給付企業年金の規約数は，法施行後，適格退職年金・厚生年金基金からの移行等により急増したが，近年では確定拠出年金（DC）への移行等により減少傾向にある。

◇概要

確定給付企業年金には，「規約型企業年金」と「基金型企業年金」という2つのタイプがある。制度の仕組みからみれば，前者は従前の適格年金をイメージした新企業年金であり，後者は現行の厚生年金基金をイメージしたものである。もっとも，両者とも厚生年金基金のように公的年金である厚生年金の代行部分のない純粋な企業年金としての成立を前提としている。

規約型：労使合意の年金規約に基づき，企業と信託会社・生命保険会社等が契約を結び企業の外で年金資産を管理・運用し，年金給付を行う。実施にあたって加入者数の要件はなし。

基金型：企業とは別の法人格を持った基金を設立した上で，基金において年金資金を管理・運用し，年金給付を行う企業年金（厚生年金の代行を行わない）。常時300人以上の加入者数が必要。

◇企業年金は4種類に集約

今後の日本における企業年金は，従来からの「厚生年金基金」，「規約型企業年金」および「基金型企業年金」の3種類が確定給付

型，それに「確定拠出年金（企業型）」を加えた4種類に集約されることとなる。

規約型のスキーム図

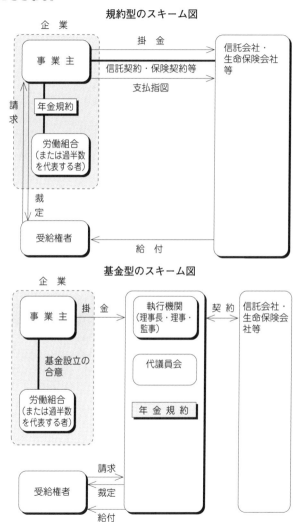

基金型のスキーム図

117

④中小企業退職金共済

◇**要するに……**

　単独では退職金制度を持つことが困難な中小企業を対象に，事業主の相互共済と国の援助によって設けられた退職金制度。

　退職金の受取方法は，一時払いのほか退職日に60歳以上で，かつ，一定の要件を満たせば希望により分割払い（年金）で受け取ることもできる。

　平成23年度末に廃止された適格年金から中小企業退職金共済（中退共）への移行が多い。

◇**勤労者退職金共済機構が運営**

　事業主が独立行政法人勤労者退職金共済機構（勤退機構）と退職金共済契約を結び，毎月の掛金を金融機関に納付する。従業員が退職したときは，その従業員に共済機構から退職金が直接支払われる。

　掛金の一部を国が助成するのが特徴である。

①新しく加入する事業主に……掛金の２分の１を契約月の４ヵ月目から１年間，国が助成する。上限は従業員ごとに5,000円。パートタイマー等短時間労働者の特例掛金については，掛金月額の２分の１にさらに上乗せして助成される。

②掛金月額を増額する事業主に……増額分の３分の１を増額月から１年間，国が助成する。ただし，月額２万円以上の掛金からの増額の場合，助成金はなし。

◇**加入資格と掛金**

　加入できる中小企業は次のとおり。

	常用従業員		資本金・出資金
一般業種	300人以下	または	3億円以下
卸売業	100人以下		1億円以下
サービス業	100人以下		5,000万円以下
小売業	50人以下		5,000万円以下

　加入する従業員は原則として全員である。掛金は全額事業主の負担で，税法上，損金，または必要経費に算入することができる。

掛金月額（次の16種類）

5,000円	6,000円	7,000円	8,000円
9,000円	10,000円	12,000円	14,000円
16,000円	18,000円	20,000円	22,000円
24,000円	26,000円	28,000円	30,000円

※短時間労働被共済者は，掛金月額の他の３種類の特例掛金月額（2,000円，3,000円，4,000円）も選択できる。
※短時間労働者とは，１週間の所定労働時間が，同じ事業所に勤務する通常の従業員より短く，かつ30時間未満の人のことを指す。

◇退職金額

退職金は，以下の２つを合算したものが受け取る金額となる。ただし，納付月数が11ヵ月以下の場合は支給されない。

・基本退職金

予定利率が平成14年度より１％として算定された金額で，掛金月額と掛金納付月数に応じて固定的に金額が定められている。

・付加退職金

予定利率が1.0％を上回った場合，これを基本退職金額に上積みするもので，金利の状況等に応じて定められる金額である。

◇確定拠出年金への資産移換

中退共制度は中小企業の事業主であることが加入要件のため，事業主が中小企業者でなくなると，中退共契約は解除される。

その場合，被共済者である従業員は，これまでは，解除時点における退職金相当額を解約手当金として受け取るか，新設の確定給付企業年金（DB）と特退共（特定退職金共済制度）へ資産移換するかであったが，平成28年4月より，新たに確定拠出年金（企業型DC）に資産を移したり既設のDBや特退共への資産移換が可能となった。なお，解約手当金を他制度へ移換するか，その支給を受けるかの判断は，従業員の同意が必要である。

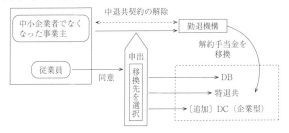

119

⑤小規模企業共済

◇要するに……

昭和40年6月に制定された小規模企業共済法に基づいて，独立行政法人中小企業基盤整備機構が運営し，小規模企業の個人事業主（共同経営者を含む）が廃業または会社等の役員が退職した場合，その後の生活の安定あるいは事業の再建などのための資金を準備しておく制度で，いわば「事業主の退職金制度」といえる。

◇共済金の受取り等

掛金は，税法上全額が「小規模企業共済等掛金控除」として課税対象所得から控除できる。これは，1年以内の前納掛金も同様である。

共済金の受取りは，一時払い，分割払い，あるいはその両方を選択できるが，分割払いの場合は一定の要件が必要である。

一定の要件とは，共済金の支払額が300万円（一括払いと分割払いの併用の場合は330万円）以上で，かつ共済事由が生じた日に満60歳以上であること。分割共済金は，10年間または15年間にわたって年6回（毎年1月，3月，5月，7月，9月，11月）の支給となる。これにより公的年金と交互に受け取ることができ，毎月安定した収入を得ることができる。

共済金は税法上，一括受取共済金（死亡以外）と65歳以上の解約手当金については退職所得，分割受取共済金は公的年金等控除が適用される雑所得として取り扱われる。

遺族に対して支給される共済金は相続税の対象となる。

このほか，加入者（一定の資格者）は，納付した掛金の範囲内で事業資金の貸付が受けられる。貸付には一般貸付・傷病災害時貸付・事業承継貸付等がある。

◇加入資格と掛金

次のような人が加入できる。

・常時使用する従業員が20人以下（宿泊業・娯楽業を除くサービス業，商業では5人以下）の個人事業主および会社の役員。

・小規模企業たる個人事業主に属する共同経営者（個人事業主1人

につき２人まで）。

・常時使用する従業員が５人以下の弁護士法人・税理士法人等の士業法人の社員。

・常時使用する従業員が20人以下であって，農業経営を主として行っている農業組合法人の役員。

　毎月の掛金は，1,000円～７万円の500円刻みの金額で，加入後増額や減額できる。掛金は，預金口座からの振替で納付する（月払い・半年払い・年払いから選択）。

◇共済金の支払い

　共済金等の額は，基本共済金と付加共済金の合計額である。

・基本共済金…掛金月額，掛金納付月数，共済事由による固定額。

・付加共済金…金利の状況等に応じて毎年度計算される変動額。

基本共済金等の額（掛金月額が１万円の場合）

付年数給 掛金額	5年	10年	15年	20年	30年	共済事由等	税法上の取扱い
掛金 合計額	600,000円	1,200,000円	1,800,000円	2,400,000円	3,600,000円		
共済金 A	621,400円	1,290,600円	2,011,000円	2,786,400円	4,348,000円	●事業をやめたとき（個人事業主の死亡・会社等の解散を含む） ●配偶者や子に事業を全部譲渡する場合	
共済金 B	614,600円	1,260,800円	1,940,400円	2,658,800円	4,211,800円	●会社等の役員の疾病，負傷または死亡による退職（65歳以上で役員を退任する場合を含む） ●老齢給付（年齢が65歳以上で，掛金を15年以上納付した人は，請求することにより受け取れる。なお，老齢給付として受け取らずに，共済契約を継続することもできる）	一括受取りの場合「退職所得扱い」，分割受取りの場合は「公的年金等の雑所得扱い」となる
準共済金	600,000円	1,200,000円	1,800,000円	2,419,500円	3,832,740円	●会社等の役員の任意または任期満了による退職 ●現物出資により個人事業を会社へ組織変更し，その会社の役員にならなかったとき	
解約手当金	●掛金納付月数に応じて，掛金合計額の80～120%相当額が受け取れる。 掛金納付月数が240ヵ月（20年）未満での受取額は，掛金合計額を下回る					●任意解約 ●掛金を12ヵ月分以上滞納したとき（災害などやむを得ない事由を除く） ●現物出資により個人事業を会社へ組織変更し，その会社の役員になったとき（なお，この場合において小規模企業者でないときは，準共済事由となる）	任意解約時で解約時65歳以上の場合は退職所得扱い

（出所：中小企業基盤整備機構）

〈共済金の額〉

事例　掛金額が３万円で加入期間が20年の場合（源泉徴収前の金額）

　　共済金A：約835万円／共済金B：約797万円／準共済金：約725万円

6 農業者年金基金

◇要するに……

　農業者年金基金は，目的を「農業者の確保に資すること」とし，原則として60歳未満の農業に従事する人であれば誰でも加入でき，任意加入のみとした。また，いつでも脱退可能（将来年金として支給）である。

◇概要

・「積立方式」
・加入資格…国民年金の第1号被保険者（国民年金の保険料免除者を除く）で年間60日以上農業に従事する20歳以上60歳未満の人。令和4年5月1日以降国民年金の任意加入被保険者に限り60歳以上65歳未満の人も加入できることとなった。
・80歳までの保証がついた終身年金
・国民年金の付加保険料の納付の義務がある。なお，国民年金基金及び確定拠出年金（個人型）への同時加入はできない。

◇保険料

　通常保険料と特例保険料の2種類（全額社会保険料控除の対象）。

【通常保険料】月額2万円（※）〜6万7,000円の範囲で，被保険者自ら納付額を決めることができ，加入後に1,000円単位で増額，減額が可能。納付は，60歳到達までの任意加入。令和4年5月1日に始まった60歳以降の加入には，改めて手続きが必要。

※35歳未満で政策支援（国庫補助）の対象とならない方は，1万円〜1万9,000円の範囲（1,000円単位）の額で納付することが可能。

【特例保険料（保険料拠出に対する国庫補助あり）】上記の加入資格に加えて，次の①〜③までの要件を満たしている場合，保険料の国庫補助（政策支援）を受けることができる。月額保険料の下限（2万円）について，5〜2割引の特例保険料（1万円〜1万6,000円）を適用し，その差額（1万円〜4,000円）を国庫補助するもの。特例保険料は，124頁の政策支援区分ごとに保険料額が決められていて，保険料額を変更することができない。

①加入年齢40歳未満の者等（60歳までに20年以上加入が見込まれる方等）

②農業所得が900万円以下（必要経費を控除後の額）

③124頁の国庫補助対象者の要件を満たしている者（認定農業者又は認定就農者等で青色申告者など）

◇年金給付

農業者老齢年金：自己拠出の保険料の積立とその運用益に基づき決定される。原則65歳から終身受給できる。また，60歳から64歳の間で繰上げ受給も可能。令和4年の年金改正により，受給開始年齢を65歳から75歳までの間で選択することも可能となった。

特例付加年金（政策支援分）：保険料の国庫補助額とその運用益に基づき決定され，終身受給できる。

受給要件は，次のとおり。

①保険料納付済期間が20年以上※あること

　※「カラ期間（農業者年金を脱退し，出稼ぎで厚生年金に加入した期間等）」を含む

②農業経営からの引退（経営継承を完了）※をしていること

　※「農業経営からの引退（経営継承等）」には年齢制限はない

③（65歳までに農業経営をしなくなった場合，原則として）65歳に達していること

◇年金支給月：原則として，2月，5月，8月，11月の年4回に分けて支給される。

【概念図】

| 国庫補助なし | 通常保険料＋運用益 | | 65歳から → | 農業者老齢年金 |

| 政策支援対象者（国庫補助あり） | 国庫補助＋運用益 | 経営承継 → | 特例付加年金 |
| | 特例保険料＋運用益 | 65歳から → | 農業者老齢年金 |

◇死亡一時金

80歳前に死亡した場合に遺族に支給される。

保険料の国庫補助対象者と補助額

区分	保険料額／月	
	35歳未満	35歳以上
①認定農業者かつ青色申告者である経営主	被保険者負担額 10,000円	被保険者負担額 14,000円
②認定就農者かつ青色申告者である経営主		
③①または②の要件を満たしている者と家族経営協定を締結し，経営に参画している配偶者，直系卑属	国庫補助額 10,000円	国庫補助額 6,000円
④認定農業者か青色申告者のいずれか一方を満たす農業経営者で3年以内に両方を満たすことを約束した者	被保険者負担額 14,000円	被保険者負担額 16,000円
	国庫補助額 6,000円	国庫補助額 4,000円
⑤①または②の要件を満たしていない者の直系卑属であり，かつ35歳未満の後継者で35歳まで（25歳未満の者は10年以内）に①の者となることを約束した者	－	

(注) 35歳未満で加入した人は，35歳から自動的に35歳以上の額に変更される。

(注) ①の認定農業者は，農業法人として認定を受けている者は除く。

(注) ③および⑤の加入者は，年間農業従事日数が150日以上である必要がある。

●保険料の国庫補助が受けられる期間は，⑦35歳未満であれば要件を満たしているすべての期間，④35歳以上であれば10年以内とされ，⑦と④を通算して最長20年間となっている。また39歳までに加入していれば，加入時点では国庫補助の要件を満たしていなくても，その後に要件が整えばその段階で国庫補助の対象になる。

●国庫補助額の具体例（最長20年の場合）
①に該当し20歳から加入して国庫補助を受けた場合
20歳～35歳になるまでの15年間：毎月1万円の補助，期間中の合計180万円
35歳～40歳になるまでの5年間：毎月6,000円の補助，期間中の合計36万円
国庫補助の合計額：216万円→最大額

⑦DC と DB の主な改正

◇要するに……

　長生きの人生に対応すべく，公的年金の補完としての私的年金を充実させ，余裕のある暮らしを目指すための改正である。

1．確定拠出年金（DC）の加入年齢の引上げ

　企業型 DC の加入年齢の上限を，厚生年金の被保険者であれば，70歳未満に引き上げる。

　一方，個人型 DC は，国民年金の被保険者であれば，加入年齢の上限を65歳未満に引き上げる。

　国民年金の第１号被保険者では任意加入者であることが前提となり，65歳未満の厚生年金被保険者（国民年金の第２号被保険者）も加入対象となった（令和４年５月施行）。

2．受給開始時期の選択肢拡大

　従来，DC の受給開始時期は，原則として60～70歳となっているが，改正で75歳までに引き上げられた（令和４年４月施行）。DB（確定給付企業年金）の支給開始時期については，現行の60～65歳を70歳まで拡大された（令和２年６月実施）。

3．中小企業向け制度の対象範囲拡大

　中小企業等が個人型 DC に加入する従業員の掛金に追加で事業主掛金を拠出できる中小事業主掛金納付制度の導入可能な事業主の対象範囲を，従業員100人以下から300人以下に拡大された（令和２年10月実施）。

4．企業向け DC 加入者の個人型 DC 加入の要件緩和

　企業型 DC 加入者が個人型 DC に同時加入するための要件が緩和され，一定の条件下で同時加入できるようになった（令和４年10月施行）。

5．DB 終了時のポータビリティの拡充

　DB の終了時の残余財産を個人型 DC に移管可能（令和４年５月施行）。個人型 DC 加入者の申し出に基づいて移換が行われる。

8 確定拠出年金 （DC： Defined Contribution Plan）

◇要するに……

　確定拠出年金とは，加入者が選ぶ運用方法により60歳以降に受け取る年金（または一時金）額が異なる年金のことである。平成13年10月の確定拠出年金法施行以後，DC加入者数は順調に増加している。

◇確定拠出年金のメリット

①個人が支払う掛け金が所得控除の対象：例えば，会社員の課税所得が300万円で，個人型確定拠出年金（個人型DC）に年額14.4万円を払い込むと，所得税（復興特別所得税を除く）と住民税の合計で2.88万円が還付され，これを配当とみなせば年20％になる。

②運用益の非課税：将来年金や一時金として受け取るまで，掛け金の運用益には課税されない。

③受取時の税制優遇：年金の場合は公的年金等控除が，一時金の場合は退職所得が適用。

◇個人型DCと企業型DC

　個人型DCは，国民年金基金連合会が実施している。企業型DCは規約に定めた加入資格（65歳未満）を有する従業員に対して，企業が拠出限度額の範囲内で掛金を拠出し，個々の従業員は自己の責任で運用方法の指図を行う。

　令和4年5月から企業型DCの加入資格の65歳未満の要件が70歳未満に拡大された。個人型DCは，通称「iDeCo」と呼ぶ。

　平成30年5月には，簡易DCが開始した。この制度は，当初従業員数（第1号厚生年金被保険者数）が100人以下の場合に導入することができることとされていたが，従業員規模が拡大され，現在は300人以下とされた。一定の加入者資格を設けることは不可となっており，第1号等厚生年金被保険者全員を加入させなければならない。

◇個人型DCの加入対象者の拡大（平成29年1月1日施行）

　これまでの加入対象者に加えて，企業年金の加入者*・公務員，専業主婦等が追加された。

※令和4年10月1日から確定拠出年金法の一部が改正され，勤務先の企業型年金等の加入者の個人型DCへの加入条件が緩和された。これまでは企業型年金の加入者は，当該企業型年金の規約で個人型DCへの加入を認める規約があり，かつ事業主掛金の上限を月3万5,000円（確定給付型年金の場合は月1万5,500円が上限）に引き下げる必要があったが，改正後は規約の定めも事業主掛金の上限の引き下げも必要とせず個人型DCに加入できることになった。ただし，企業型DCでマッチング拠出をしている場合は，個人型DCへの加入はできない。拠出限度額は，下記の表を参照。

対象者	企業年金の有無	加入制度	拠出限度額
第1号被保険者（自営業者等）		個人型DC	年額81.6万円（月額6.8万円）ただし国民年金基金の掛金額を合算した額
第3号被保険者（専業主婦等）		個人型DC	年額27.6万円（月額2.3万円）
第2号被保険者（民間サラリーマン）	なし	個人型DC	年額27.6万円（月額2.3万円）
	企業型DCのみ	企業型DC	年間66.0万円（月額5.5万円）※1 個人型DCと同時加入の場合の事業主掛金の上限引き下げは不要。ただし事業主掛金が月額3.5万円を超えると個人型掛金（上限2万円）の拠出限度額が逓減される。
		個人型DC	年間24.0万円（月額2.0万円）（※1）同上。
	確定給付型年金のみ	個人型DC	年間14.4万円（月額1.2万円）
	確定給付型年金と企業型DC	企業型DC	年間33.0万円（月額2.75万円）※2 個人型DCと同時加入の場合企業型DCの事業主掛金との合計が2.75万円の範囲内で個人型DCへの掛金（1.2万円が上限）を拠出できる。
		個人型DC	年間14.4万円（月額1.2万円）（※2）同上。
第2号被保険者（公務員等）	（退職等年金給付）	個人型DC	年間14.4万円（月額1.2万円）

（令和6年4月現在。令和6年12月変更予定）

◇必要な投資教育

　確定拠出年金の導入に対しては，投資教育が必要になる。この役割は金融機関やファイナンシャルプランナーが担うことになる。

　金融商品の持つリスクや分散投資の方法だけでなく，老後生活設計の考え方，投資情報の入手と判断方法などの教育が必要。投資に委ねる制度だけに，教育に対する配慮が欠かせない。

9 国民年金基金

◇**要するに……**

　国民年金基金は，老齢基礎年金しか受給できない自営業者のための制度で，「全国国民年金基金」と３つの職種別に設立された「職能型国民年金基金」がある。全国国民年金基金と職能型国民年金基金の２つの形態が設けられているが，事業内容は同じ。加入する場合はいずれか１つの基金を選択する。

◇**加入資格者と加入方法**

　加入できる者は，満20歳から59歳までの国民年金の第１号被保険者である。平成25年４月１日より，国内に居住する60歳から65歳になるまでの国民年金の任意加入者も加入できるようになった。

　基金への加入は任意だが，加入後は自己の都合で自由に脱退することはできない。

(1)１口目加入（終身年金）

　この制度に加入するには，まず１口目として２種類（Ａ型，Ｂ型）の終身年金のいずれか１つに加入する。掛金と年金月額は加入時満年齢と男性，女性によって決まる。

　平成12年４月１日以後加入または増口した人については，男性と女性の掛金額は異なる。

(2)２口目以降加入

　１口目加入に上乗せして２口目以降を何口か加入できる。２口目以降の年金種類は生年月日により年金月額１万円あるいは5,000円のタイプがある。終身年金のＡ型・Ｂ型に，確定年金のⅠ型からⅤ型の５種類を加えた７つのタイプの中から選ぶ。掛金は１口目を含めた月額が６万8,000円を限度とする（年齢等により特例あり）。ただし，50歳１ヵ月以上の人はⅣ型・Ⅴ型に加入できない。また60歳以上65歳未満の人は，Ⅱ型，Ⅲ型，Ⅳ型，Ⅴ型に加入できない。

1口目の年金の種類と掛金（男性の場合）

A型

ボーナス給付（年1回）80歳	
・65歳支給開始 ・15年保証付き終身年金 ・加算額	終身年金

掛金7,220円（20歳0月）〜18,400円（50歳1月）

B型

ボーナス給付（年1回）	
・65歳支給開始終身年金 ・保証期間なし ・加算額	終身年金

6,540円（20歳0月）〜16,900円（50歳1月）

1口目の年金月額

加入年齢（誕生月）	1口目の年金月額
20歳0月〜35歳0月加入	年金月額　2万円
35歳1月〜45歳0月加入	〃　　　　1.5万円
45歳1月〜50歳0月加入	〃　　　　1万円
50歳1月以上加入	加入時年齢（月単位）によって決まる

2口目以降

※1　35歳誕生月までに加入の場合。
※2　50歳誕生月までに加入の場合。

◇税制上の恩典

　国民年金基金の掛金は，上限6万8,000円（月額）の範囲内で全額社会保険料控除の対象となり，年金給付は公的年金等控除の対象となる。

国民年金基金の位置づけ

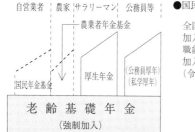

●国民年金基金の現状

全国国民年金基金が37支部，
加入員数約31.6万人，
職能型国民年金基金が3基金，
加入員数約1.9万人
（令和5年3月末現在）

10 財形年金

◇**要するに……**

　財形年金貯蓄制度は，給与所得者の老後生活の安定を図る目的で昭和57年10月に発足した。

　55歳未満の勤労者が5年以上給与から天引きして積み立て，60歳に達した日から5年以上の期間にわたって年金を支給すること，1人1契約などの要件を備えていれば，預貯金の場合は元本（預入額＋元加利息）550万円まで，生保・損保等の保険契約では積立額（払込保険料累計額）で385万円まで非課税の恩典が受けられる。

◇**財形年金の基本要件**

①加入資格　55歳未満の労働者。

②積立期間　5年以上。中途解約は非課税の恩典がなくなる。

③年金支払期間　60歳以降5年以上，20年以内。終身年金は10年以上の保証期間を置く。

④加入制限　1人1契約。複数の金融機関との契約はできない。

⑤積立方法　積立金の払込みは勤労者と事業主の契約に基づき，勤労者に支払う賃金から控除して行う。

◇**財形年金の恩典（非課税以外）**

①財形給付金制度，財形基金制度

　事業主が財形貯蓄を行っている勤労者を援助するために，労使合意に基づいて契約取扱機関と契約を締結して毎年一定の時期に拠出を行い，7年ごとに拠出金と運用益の合計額である給付金が勤労者に支給されるのが財形給付金または財形基金制度である。事業主の拠出額は，1人につき年間10万円が限度。対象となる勤労者は，一般財形貯蓄や財形年金貯蓄，財形住宅貯蓄をしていることが要件になる。

②財形住宅融資制度が利用できる

◇財形年金の業態別特徴

　財形年金は取り扱う金融機関によって運用商品が異なるため，それぞれにメリット・デメリットがある。

財形年金の運用商品

銀行・JA	信託銀行	証券会社	生　保	損　保	ゆうちょ銀行（かんぽ生命）
期日指定定期	金銭信託等	公社債投信株式コース	積立保険	積立傷害保険	定期貯金貯蓄保険

銀行・JA——利回りでは他のものに一歩譲るが，その分融資制度が充実しており，独自の財形ローンや財形フリーローンなども低利で利用できる。

信 託 銀 行——財産形成年金信託の年金給付額は，元本均等方式，定額方式，逓増方式の選択が可能であるため，加入者のニーズに合った設計ができる。

証 券 会 社——公社債投信による積み立てを中心としているので，利回りの高さは突出している。変動金利商品なので金利上昇期にはさらに有利となる。ただし，融資機能がないのが弱点。

生保・損保——積立限度額が元利合計金額でなく，積立額で決められているので非課税枠の超過を気にすることがないし，預入期間が長ければ長いほど有利になる。

ゆうちょ銀行——郵貯限度額2,600万円と別枠で元本合計550万円ま
（かんぽ生命）　　で積み立てられる。限度額は平成31年4月から通常貯金と定期性貯金でそれぞれ1,300万円と倍増された。財形年金定額貯金の他に，かんぽ生命の財形積立貯蓄保険と財形住宅貯蓄保険は万一の際に満期保険金額の2倍プラス配当金を受け取ることができる場合がある。

◇給与所得者ならではの制度

　財形年金は，勤労者のための制度であり，一般財形，財形住宅とともに勤労者財産形成貯蓄制度の一翼を担っている。受取方法は金融機関への振込となるので，公的年金等とともに注目したい。

11 確定拠出年金等間のポータビリティ

◇要するに…

iDeCo や確定拠出年金，確定給付年金等の私的年金において，加入者等が離職・転職した場合や勤務先の年金制度，退職金共済制度等が変更となった場合に，それまで積み立てた年金原資を他の年金制度へ移管できる，すなわち持ち運べることができる。これを「ポータビリティ」という。

ポータビリティが可能な場合については，以下のとおり。

私的年金制度における年金資産の持ち運び（ポータビリティ）

		転職先で導入している制度，資産移管先の制度				
		確定給付企業年金（DB）	企業型確定拠出年金（企業型DC）	個人型確定拠出年金（iDeCo）	通算企業年金	中小企業退職金共済
離転職前に加入していた制度等	DB	○（DB／個人単位）※2 ／ △（DB／制度移行）※1※2	○（DB／個人単位） ／ △（DB／制度移行）※1	○	○	△※1※3
	企業型DC	○※2	○	○	○	△※3
	iDeCo	○※2	○	○	×	×
	通算企業年金	○※2	○	○	×	×
	中小企業退職金共済	△※2※3	△※3	×	×	○

○：個人の申出により移換，△：事業主の手続きにより移換，－：対象外，×：移換不可
※1　離転職前等に加入していた DB 規約の定めによる
※2　離転職先等で導入している DB 規約の定めによる
※3　合併等の場合に限る
※4　通算企業年金とは，退職等により DB や企業型 DC を脱退した人等の年金資産を引き受けて年金通算事業を行う企業年金連合会が，退職者等向けに運用・給付する年金の一つ
（出典）厚生労働省

DB → iDeCo, 通算企業年金, 企業型DC（転職先で導入している場合），
　　　DB（転職先で導入かつ条件を満たした場合）への移管可能

企業型DC → iDeCo, 通算企業年金, 企業型DC（転職先で導入している場合），DB（転職先で導入かつ条件を満たした場合）へ移管可能

iDeCo →企業型DC（転職先で導入している場合），DB（転職先で導入かつ件を満たした場合）へ移管可能

通算企業年金→ iDeCo, 企業型DC（転職先で導入している場合），DB（転職先で導入かつ条件を満たした場合）へ移管可能

第5章

障害年金と遺族年金

1 障害年金の仕組み

◇要するに……

加入者が病気やケガで障害者になったときに支給される。障害の程度については，政令で1級，2級，3級と定められている。障害年金には，障害基礎年金，障害厚生年金のほか，障害手当金がある。

◇障害年金の仕組み

わが国の年金制度では，日本国内に在住する20歳以上60歳未満の人は国民年金に強制加入している。したがって，納付要件を満たしていれば1級か2級の障害者になると障害基礎年金を受けることができる。初診日において厚生年金の加入者であれば，1級障害または2級障害のときは，障害基礎年金に加えて，障害厚生年金が受けられる。また，3級障害の場合には厚生年金の加入者に限って障害厚生年金が受けられる。厚生年金加入者には障害手当金の制度もある。ただし，被用者年金一元化法の施行以降に初診日のある共済組合の障害年金の給付は，障害厚生年金として裁定される。平成27年9月30日までに初診日のある傷病であるときは，改正前の障害共済年金の適用となり，年金請求先も当該共済組合になる。

なお，原則として，65歳以降に初診日のある障害厚生年金等（1級または2級）の受給権が発生しても，障害基礎年金の併給は行われない。

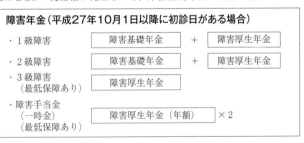

障害年金（平成27年10月1日以降に初診日がある場合）

- 1級障害　　障害基礎年金　＋　障害厚生年金
- 2級障害　　障害基礎年金　＋　障害厚生年金
- 3級障害（最低保障あり）　障害厚生年金
- 障害手当金（一時金）（最低保障あり）　障害厚生年金（年額）×2

障害等級表　　出所：国民年金法施行令別表および厚生年金保険法施行令別表第1

程度		障害の状態
1級	1	次に掲げる視覚障害　㋑両眼の視力がそれぞれ0.03以下のもの　㋺一眼の視力が0.04，他眼の視力が手動弁以下のもの／他

	2	両耳の聴力レベルが100デシベル以上のもの
1級	3	両上肢の機能に著しい障害を有するもの
	4	両上肢のすべての指を欠くもの
	5	両上肢のすべての指の機能に著しい障害を有するもの
	6	両下肢の機能に著しい障害を有するもの
	7	両下肢を足関節以上で欠くもの
	8	体幹の機能に座っていることができない程度または立ち上がることができない程度の障害を有するもの
	9	前各号に掲げるもののほか，身体の機能の障害または長期にわたる安静を必要とする病状が前各号と同程度以上と認められる状態であって，日常生活の用を弁ずることを不能ならしめる程度のもの
	10	精神の障害であって，前各号と同程度以上と認められる程度のもの
	11	身体の機能の障害もしくは病状または精神の障害が重複する場合であって，その状態が前各号と同程度以上と認められる程度のもの
2級	1	次に掲げる視覚障害　④両眼の視力がそれぞれ0.07以下のもの　⑩一眼の視力が0.08，他眼の視力が手動弁以下のもの／他
	2	両耳の聴力レベルが90デシベル以上のもの
	3	平衡機能に著しい障害を有するもの
	4	そしゃくの機能を欠くもの
	5	音声または言語機能に著しい障害を有するもの
	6	両上肢のおや指およびひとさし指または中指を欠くもの
	7	両上肢のおや指およびひとさし指または中指の機能に著しい障害を有するもの
	8	一上肢の機能に著しい障害を有するもの
	9	一上肢のすべての指を欠くもの
	10	一上肢のすべての指の機能に著しい障害を有するもの
	11	両下肢のすべての指を欠くもの
	12	一下肢の機能に著しい障害を有するもの
	13	一下肢を足関節以上で欠くもの
	14	体幹の機能に歩くことができない程度の障害を有するもの
	15	前各号に掲げるもののほか，身体の機能の障害または長期にわたる安静を必要とする病状が前各号と同程度以上と認められる状態であって，日常生活が著しい制限を受けるか，または日常生活に著しい制限を加えることを必要とする程度のもの
	16	精神の障害であって，前各号と同程度以上と認められる程度のもの
	17	身体の機能の障害もしくは病状または精神の障害が重複する場合であって，その状態が前各号と同程度以上と認められる程度のもの
3級（厚生年金の加入者に限る）	1	次に掲げる視覚障害　④両眼の視力がそれぞれ0.1以下に減じたもの　⑩ゴールドマン型視野計による測定の結果，両眼のⅠ/4視標による周辺視野角度の和がそれぞれ80度以下に減じたもの／他
	2	両耳の聴力が40センチメートル以上では通常の話声を解することができない程度に減じたもの
	3	そしゃくまたは言語の機能に相当程度の障害を残すもの
	4	脊柱の機能に著しい障害を残すもの
	5	一上肢の三大関節のうち，二関節の用を廃したもの
	6	一下肢の三大関節のうち，二関節の用を廃したもの
	7	長管状骨に偽関節を残し，運動機能に著しい障害を残すもの
	8	一上肢のおや指およびひとさし指を失ったものまたはおや指もしくはひとさし指を併せ一上肢の三指以上を失ったもの
	9	おや指およびひとさし指を併せ一上肢の四指の用を廃したもの
	10	一下肢をリスフラン関節以上で失ったもの
	11	両下肢の十趾の用を廃したもの
	12	前各号に掲げるもののほか，身体の機能に，労働が著しい制限を受けるか，または労働に著しい制限を加えることを必要とする程度の障害を残すもの
	13	精神または神経系統に，労働が著しい制限を受けるか，または労働に著しい制限を加えることを必要とする程度の障害を残すもの
	14	傷病が治らないで，身体の機能または精神もしくは神経系統に，労働が制限を受けるか，または労働に制限を加えることを必要とする程度の障害を有するものであって，厚生労働大臣が定めるもの

②障害年金の受給要件

◇**要するに……**
　障害年金を受けるためには，障害となった傷病の初診日が国民年金や厚生年金の被保険者等の期間中でなければならない。ただし，国民年金では20歳前に初診日のある障害や，保険料納付が終了した後の60歳以上65歳未満の障害も支給の対象となることがある。障害年金の受給資格があるかないかの判定は，原則として初診日から1年6ヵ月後に行う。この日を「障害認定日」という。

◇**障害基礎年金の受給要件**
①国民年金加入中に初診日のある病気やケガで「障害認定日」において障害等級表の1級，2級に該当する障害者になったとき。初診日とは，その傷病によって初めて医師の診療を受けた日のこと。
②初診日の前日において，初診日の前々月までに加入期間の3分の2以上，保険料を納めていること（各種保険料免除期間等を含む）。
③②の特例として，令和8年3月末日までに初診日のある傷病による障害者については，初診日の前日において，初診日の属する月の前々月までの1年間の保険料を納めていること。ただし，初診日において，原則65歳未満であることが必要。
　なお，60歳を過ぎて国民年金の被保険者でなくなった後に初診日のある傷病で障害者になったときでも，65歳未満でかつ日本国内の在住などの条件を満たしていれば受給できる。20歳未満で公的年金制度に加入していないときに初診日のある傷病で障害者になった場合は，保険料納付要件は問われず，障害等級1級または2級に該当したときは最も早くて20歳から障害基礎年金が支給される。

◇**障害厚生年金の受給要件**
　障害厚生年金の受給要件は次のとおりである。
①厚生年金加入中の傷病で障害者になったとき。初診日に厚生年金に加入していること。

②初診日から１年６ヵ月後の「障害認定日」に１級，２級，３級の障害にあること。

③初診日の前々月までの国民年金加入期間（第１号～第３号被保険者期間を含む）のうち，３分の２以上保険料を納めていること。特例として令和８年３月末日までに初診日がある場合，初診日の前々月までの直近１年間に保険料の未納がない場合に支給される特例もある（65歳以降初診日がある場合を除く）。

◇障害の認定

　障害認定日は原則，初診日から１年６ヵ月後だが，１年６ヵ月以前に障害が固定した場合は，その日が障害認定日となる。

◇事後重症

　障害認定日である初診日から１年６ヵ月後には障害等級に該当する程の症状でなくても，その後悪化して障害等級に該当することがある。こうした場合を「事後重症」といい，一定の条件を満たしていれば，障害年金が受けられる。年金額の改定請求を行うこともできる。事後重症による請求は65歳になる前日までできる。

◇所得制限

　20歳前の傷病による障害基礎年金の支給には所得制限がある。扶養家族なしの場合，本人の前年所得金額が370万4,000円以下であれば全額支給となり，370万4,000円を超え472万1,000円までは半額支給，そして472万1,000円を超えれば全額支給停止となる。扶養親族の有無および人数等により限度額が異なってくる。調整期間は，10月～翌年９月まで。

◇障害年金の請求先

　障害基礎年金の請求先は，初診日が国民年金の第１号被保険者であれば市区町村役場，初診日が第３号被保険者であれば最寄りの年金事務所である。障害厚生年金については，在職中の場合でも最寄りの年金事務所になる。公務員等が在職中，または在職中に初診日がある場合，初診日が一元化以降である場合も含めて，障害年金請求先は，従来の実施機関である国共済・地共済または私学共済となる。

③障害年金の年金額

◇要するに……

　障害基礎年金は定額で2級障害の場合，81万6,000円。1級障害の場合は2級の1.25倍の102万円。これに子の加算額がつく。

　障害厚生年金は平均標準報酬月額および平均標準報酬額をもとに計算する。加入月数は300月に満たないときは300月。配偶者加給年金額は1級障害と2級障害につく。1級障害は2級障害の1.25倍。3級障害は61万2,000円の，障害手当金は122万4,000円の最低保障が定められている。支給乗率は，平成12年改正により，平成15年3月までの加入期間について1,000分の7.125，平成15年4月以後の期間については1,000分の5.481を使う。なお，上記の年金額は令和6年度においては，昭和31年4月2日以後生まれの方で，昭和31年4月1日以前生まれの方では，年金額が異なる（47頁参照）。

◇障害厚生年金の年金額と計算方法（報酬比例部分の年金額）

①総加入月数が300月以上ある場合

$$\left(平均標準報酬月額 \times 7.125 / 1,000 \times \begin{smallmatrix}平成15年3月までの\\加入月数\end{smallmatrix}\right) +$$

$$\left(平均標準報酬額 \times 5.481 / 1,000 \times \begin{smallmatrix}平成15年4月以後の\\加入月数\end{smallmatrix}\right)$$

②総加入月数が300月未満の場合

$$\left\{\left(平均標準報酬月額 \times 7.125 / 1,000 \times \begin{smallmatrix}平成15年3月までの\\加入月数\end{smallmatrix}\right) + \right.$$

$$\left.\left(平均標準報酬額 \times 5.481 / 1,000 \times \begin{smallmatrix}平成15年4月以後の\\加入月数\end{smallmatrix}\right)\right\} \times 300 / 総加入月数$$

受給者が新規裁定者（昭和31年4月1日以前生まれの方は，192頁参照）（令和6年度）

障害の程度	障害基礎年金		障害厚生年金
	基本額	子の加算額	
1級	816,000円×1.25 =1,020,000円	1人目　　234,800円 2人目　　234,800円 3人目以降　78,300円	報酬比例の年金額×1.25 ＋配偶者加給年金額（234,800円）
2級	816,000円	同上	報酬比例の年金額 ＋配偶者加給年金額（234,800円）
3級	支給されない		報酬比例の年金額 （最低保障額　612,000円）
障害手当金	支給されない		報酬比例の年金額×2 （最低保障額あり　1,224,000円）

＊報酬比例の年金額は加入月数により①または②となる。
＊初診日が65歳以上70歳未満の障害厚生年金には，障害基礎年金の併給はない。

138

◇障害基礎年金の子の加算額

障害基礎年金は，受給権者と生計を同一にする子で，年収850万円以上の収入を将来にわたって有すると認められる子以外につく。

例えば子が3人いる場合，障害基礎年金81万6,000円に上乗せして1人目・2人目はそれぞれ23万4,800円，3人目に7万8,300円がつく。1人目の子が18歳到達年度末を過ぎると7万8,300円が減額される。なお，受給権取得後に生まれた子等には，その時点から加算される。

◇障害厚生年金の配偶者加給年金額

障害厚生年金の受給権者に，生計を同一にしていた配偶者で，年収850万円以上の収入を将来にわたって有すると認められる以外の人には，配偶者加給年金額（23万4,800円）がつく。また，受給権を取得後に結婚した配偶者も加算の対象となる。

◇計算例

> 1級障害者に該当，妻あり。子，18歳，16歳，14歳の3人。国民年金の第1号被保険者

障害基礎年金のみの支給となる。

$$816,000円 \times \underset{1,020,000円}{1.25倍} + \underset{子の加算額}{234,800円 + 234,800円 + 78,300円} = 1,567,900円$$

ただし，18歳の子の年度末を経過すると7万8,300円が減額され，16歳の子が18歳の年度末を経過すると23万4,800円が減額され，14歳の子が18歳の年度末になると，1,020,000円のみとなる。

> 2級障害者に該当，配偶者（無収入）あり。子1人（10歳），障害認定日の月までの厚生年金加入期間は，平成15年3月までの期間1年（平均標準報酬月額30万円），平成15年4月以後の加入期間20年（平均標準報酬額45万円）あり）。現在45歳

障害基礎年金と障害厚生年金が支給される。

Ⓐ障害基礎年金　816,000円＋234,800円（子の加算額）＝1,050,800円

Ⓑ障害厚生年金　｛（300,000円×7.125／1,000×12月）＋（450,000円
　　　　　　　　×5.481／1,000×240）｝×300／252＋234,800円
　　　　　　　　（配偶者加給年金額）＝970,036円

合計Ⓐ＋Ⓑ＝2,020,836円（月額168,403円）

子が18歳の年度末を経過すると子の加算額がなくなる。また受給者が65歳に達すると老齢厚生年金・老齢基礎年金の受給権が発生する。どちらか一方の年金または併給できる組合わせで年金を選択する。

④障害年金と他の年金との併給等

◇**要するに……**

障害基礎年金の受給者が65歳になって老齢基礎年金の受給権を得たときは，障害か老齢のどちらか一方の選択となる。

障害厚生年金は，障害基礎年金以外の年金とは併給できない。

ただし，平成18年4月からは，65歳以降は障害基礎年金と老齢厚生年金および遺族厚生年金と併給できる（ただし，老齢厚生年金と遺族厚生年金との併給調整あり）。

◇**障害基礎年金の受給権者が65歳になったとき**

年金給付には「1人1年金」との大原則がある。ただし，障害基礎年金と障害厚生年金（障害共済年金）の例の場合のように支給事由の同じ年金は一緒に受給できることとされている。

平成16年改正により，平成18年4月から65歳以降に限って，障害基礎年金（1級または2級）と老齢厚生年金（退職共済年金）または遺族厚生年金（遺族共済年金）は併給できることとなった。

◇**65歳以後の障害基礎年金と他の年金給付との併給調整（平成19年4月以降）**

障害基礎年金の受給権者は，65歳以降の年金併給の選択が老齢基礎年金の受給を含めて次頁の表のようになる。

ただし，平成19年4月以降は，老齢厚生年金（退職共済年金）と遺族厚生年金（遺族共済年金）の受給権がある場合には原則として老齢厚生年金等が優先的に支給され，遺族厚生年金等の額が多い場合には差額が支給される（表のケース④，⑧）。また，配偶者の死亡による遺族厚生年金の場合は，老齢厚生年金の2分の1と遺族厚生年金の3分の2の併給が最も有利な併給となるときには，老齢厚生年金額の全額が優先的に支給され，合算額との差額が遺族厚生年金として自動的に支給される（表のケース⑤，⑨。次頁参照）。

〔65歳以上の併給について〕

	ケース	障害厚生年金	老齢厚生年金	遺族厚生年金	備考
障害基礎年金	①	○	×	×	同一の支給事由であるので、年齢にかかわりなく併給可能
	②	×	○		障害基礎年金に子の加算がある場合、老齢厚生年金の子の加給年金額は支給停止となる
	③	×		○	遺族厚生年金の経過的寡婦加算は支給停止される
	④	×	○	○	老齢厚生年金と遺族厚生年金との調整は自動的に行われる。②、③の備考に同じ
	⑤	×	○（2分の1）	○（3分の2）	配偶者の死亡による遺族厚生年金の場合のみ。②、③の備考に同じ
老齢基礎年金	⑥	×	○		
	⑦	×		○	
	⑧	×	○	○	老齢厚生年金と遺族厚生年金との調整は自動的に行われる
	⑨	×	○（2分の1）	○（3分の2）	配偶者の死亡による遺族厚生年金の場合のみ

(注1)○印の年金を受給した場合には、×印の年金は支給停止される。

　　　老齢厚生年金等と遺族厚生年金等の併給の自動調整の対象となるのは、原則として平成19年4月1日以後の死亡による遺族厚生年金等を受けている人。ただし、それ以前の死亡による場合であっても昭和17年4月2日以後生まれの受給権者を含む（ケース④、⑤、⑧、⑨）。併給の自動調整の対象とならない場合には、併給する年金の選択をしなければならない。

(注2)障害基礎年金と遺族厚生年金を併給するときには、遺族厚生年金のうち経過的寡婦加算は支給停止される。

◇障害厚生年金の受給権者が65歳になったとき

　1級障害、2級障害の人は、障害基礎年金と障害厚生年金の両方を原則として一緒に受給している。60歳になって他の厚生年金を受けられるようになっても、1つの基礎年金、1つの厚生年金（共済年金も同じ）を選択することになる。65歳となり老齢厚生年金を受けたいときは、老齢基礎年金または障害基礎年金を受け取ることになるので、有利な組合せを選択すると良い。

　障害等級表のとおり、1級は「誰かの介助がないと日常生活の用が足せない状態」、2級は「いつも介助は必要ではないが、日常生活が非常に制約される状態」であり、年金額も多くなっている。3級の障害厚生年金には、障害基礎年金は支給されていない。65歳になると、障害とは異なる老齢厚生年金と老齢基礎年金の受給権が発生するが、2つ以上の年金の受給権がある場合は1つの年金（支給事由の同じ年金を含む）を選択する必要があり、老齢基礎年金と老齢厚生年金の併給か、または障害厚生年金（3級）かの選択になる。

⑤遺族年金の仕組み

◇要するに……

遺族年金は，遺族基礎年金，遺族厚生年金がある。国民年金の第
1号被保険者の独自給付として寡婦年金，死亡一時金がある。遺族
基礎年金は定額，遺族厚生年金は報酬比例の年金。

◇遺族年金の支給形態

遺族基礎年金は，国民年金の被保険者等が死亡した場合に，その
人によって生計を維持されていた婚姻していない子（18歳到達年度
の末日までの間の子，1級または2級の障害の子の場合は20歳の誕
生日まで），または子のある配偶者に支給される。平成26年4月1日
以降の死亡については，従来の対象者「子または子のある妻」が「子
または子のある配偶者」と改正され，「子のある夫」にも支給される
ようになった。厚生年金の被保険者等が死亡した場合は，遺族基礎
年金の受給要件に該当すれば遺族基礎年金と遺族厚生年金を支給。

◇受給要件と支給対象の遺族

〈遺族基礎年金〉

①国民年金の被保険者が死亡したとき

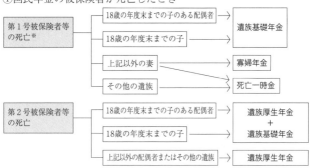

※死亡当時国民年金の第1号被保険者であっても，共済年金や厚生年金の加入歴があり，死亡日までに老
齢年金の受給資格期間（ただし，300月以上に限る）を満たしているときは，「第2号被保険者等の死
亡」を参照のこと。

②国民年金の被保険者であった人で，60歳以上65歳未満で日本国内
に住んでいる人が死亡したとき

③老齢基礎年金の受給権者が死亡したとき

④老齢基礎年金の受給資格期間を満たした人が死亡したとき

　　ただし，①，②の人は以下の保険料納付要件の㋐または㋑のいずれかを満たしていなければならない。また，平成29年8月から，老齢給付の受給資格期間が10年に短縮されたが，③，④の受給資格期間は25年（保険料納付済期間と免除期間，カラ期間を合算して）以上ある必要がある。遺族厚生年金も同じ。

「保険料納付要件」

㋐保険料を滞納した期間が全被保険者期間の3分の1以上ないこと

㋑㋐に該当しなくても，死亡した日が令和8年4月1日前の場合は，死亡日の前々月までの直近1年間に保険料の滞納がないこと

※遺族基礎年金の遺族とは「18歳になった年度の末日までの子（障害者は20歳未満）がいる配偶者（内縁を含む）」と「18歳になった年度の末日までの子（障害者は20歳未満）」で，前年の収入が850万円未満の人

〈遺族厚生年金〉

①厚生年金の被保険者期間中に死亡したとき

②被保険者期間中に初診日のある病気・ケガが原因で，初診日から5年以内に死亡したとき

③1級・2級の障害厚生年金の受給権者が死亡したとき

④老齢厚生年金の受給権者または受給資格期間（ただし，25年以上）を満たしている人が死亡したとき

　　ただし，①，②に該当するときは遺族基礎年金と同様の保険料納付要件を満たしていることが必要である。

　　受給できる遺族は死亡した人に生計を維持されていた次の遺族。

㋐遺族基礎年金の支給の対象となる遺族…子のある配偶者，子

㋑配偶者（子のいない30歳未満の妻は5年の有期年金になる）

㋒死亡当時55歳以上の夫，父母，祖父母（支給開始は原則60歳。ただし，夫が55歳以上60歳未満で遺族基礎年金を受給するときは，同時に遺族厚生年金も支給される）

㋓18歳到達年度の末日までの孫または1級・2級の障害の状態にある20歳未満の孫

⑥遺族基礎年金，寡婦年金，死亡一時金
〜第１号被保険者が死亡した場合

◇要するに……

　遺族基礎年金は定額で，基本額と子（18歳到達年度の末日までの間にあるかまたは20歳未満の障害を持つ子，以下同じ）の加算額に分かれている。寡婦年金は，夫の国民年金の保険料納付済期間に応じて計算した老齢基礎年金額の４分の３である。

　死亡一時金は，死亡月の前月までの第１号被保険者としての保険料納付期間に応じて定められている。

◇遺族基礎年金の額（令和６年度）

　年金額は，子のある配偶者が受ける場合は，81万6,000円に子の加算額を加えた額。子が受ける場合は，81万6,000円に２人目以降の子の加算額を加えた額となる。

子のある配偶者に支給される遺族基礎年金の額

	基本額	加算額	合　計
子が１人いる配偶者	816,000円※	234,800円	1,050,800円
子が２人いる配偶者	816,000円※	469,600円	1,285,600円
子が３人いる配偶者	816,000円※	547,900円	1,363,900円

※遺族基礎年金の受給者が昭和31年４月１日以前生まれの場合は，基本額は813,700円に置き換えて合計した額となる。

子に支給される遺族基礎年金の額

	基本額	加算額	合　計	１人当たりの額
子が１人のとき	816,000円	———	816,000円	
子が２人のとき	816,000円	234,800円	1,050,800円	525,400円
子が３人のとき	816,000円	313,100円	1,129,100円	376,366円

※遺族基礎年金の受給者が子のみの場合は，新規裁定者の金額となる

◇寡婦年金

　第１号被保険者として保険料を納めた期間（保険料免除期間を含む）が10年以上ある夫が死亡した場合，10年以上継続して婚姻関係のあった妻に，60歳から65歳になるまで支給され，65歳で打ち切りとなるのが寡婦年金である。

ただし，死亡した夫が障害基礎年金または，老齢基礎年金を受けていた場合は支給されない。寡婦年金の額は，夫が受けられるであろう第１号被保険者期間にかかる老齢基礎年金の額の４分の３。

計算式

$$\text{(令和6年度の価格)} \atop 816{,}000\text{円} \times \frac{\left(\substack{\text{保険料}\\\text{納付済}\\\text{月数}}\right) + \left(\substack{\text{保険料}\\\text{全額免}\\\text{除月数}\\\times 1/2}\right) + \left(\substack{\text{保険料}\\3/4\text{免}\\\text{除月数}\\\times 5/8}\right) + \left(\substack{\text{保険料}\\1/2\text{免}\\\text{除月数}\\\times 3/4}\right) + \left(\substack{\text{保険料}\\1/4\text{免}\\\text{除月数}\\\times 7/8}\right)}{\text{加入可能年数} \times 12} \times \frac{3}{4}$$

(注)平成21年3月以前の各種免除期間は，全額免除は3分の1，4分の3免除は2分の1，半額免除は3分の2，4分の1免除は6分の5とそれぞれ計算される（50頁参照）。

　　妻自身が老齢基礎年金を繰上げ受給すると，寡婦年金を受給する権利はなくなる。老齢基礎年金の額を計算する場合，保険料免除月数に，学生納付特例期間と保険料納付猶予期間を含まない。

注：平成29年8月以降の死亡は，夫の国民年金保険料納付済期間の要件が25年から10年へ短縮された。

◇**死亡一時金**

　　死亡一時金は，第１号被保険者として保険料を３年以上納めていた人が，老齢基礎年金，障害基礎年金のいずれも受けないまま死亡したときに，死亡した人と生計を同一にしていた遺族に支給される。

　　なお，①その人の死亡により遺族基礎年金を受けられる人がいるとき，②夫の死亡当時胎児だった子が生まれ，子または妻が遺族基礎年金を受けられるようになったときは支給されない。

　　また，死亡一時金と寡婦年金の両方を受けられる妻の場合は，選択によってどちらか一方が支給される。

　　死亡一時金の額は，保険料を納めた期間に応じて決まる。

国民年金の保険料納付済期間	死亡一時金の金額
3年以上15年未満	120,000円
15年以上20年未満	145,000円
20年以上25年未満	170,000円
25年以上30年未満	220,000円
30年以上35年未満	270,000円
35年以上	320,000円

◇**手続き**

　　第１号被保険者期間中の死亡で遺族基礎年金だけのときは手続きを原則として市区町村役場で行う。第３号被保険者期間中の死亡の場合は，最寄りの年金事務所で行う。

7 遺族厚生年金

◇要するに……

遺族厚生年金は，報酬比例の年金額の4分の3に相当する額。遺族基礎年金が支給されない妻には，厚生年金から中高齢の寡婦加算61万2,000円が40歳以降65歳になるまで支給。遺族厚生年金を受けている妻が65歳に達すると，昭和31年4月1日以前生まれの妻の場合は，65歳以降は，中高齢の寡婦加算はなくなり経過的寡婦加算に代わる。

◇遺族厚生年金

遺族厚生年金の額＝報酬比例の年金額※×3／4＋中高齢寡婦加算

※報酬比例の年金額　令和6年度の計算式（本来水準での支給）
①長期要件による

$$\left(平均標準報酬月額 \times \frac{9.5 \sim 7.125}{(注)} \bigg/ 1,000 \times \overset{平成15年3月までの}{加入月数}\right)$$

$$+ \left(平均標準報酬額 \times \frac{7.308 \sim 5.481}{(注)} \bigg/ 1,000 \times \overset{平成15年4月以後の}{加入月数}\right)$$

②短期要件による（300月みなしによる計算式）

$$\left\{\left(平均標準報酬月額 \times 7.125 / 1,000 \times \overset{平成15年3月までの}{加入月数}\right) + \left(平均標準報酬額\right.\right.$$
$$\left.\left. \times 5.481 / 1,000 \times \overset{平成15年4月以後の}{加入月数}\right)\right\} \times 300 / 総加入月数$$

(注) すでに老齢厚生年金の受給権を得ている人，または受給資格期間（ただし，25年以上）を満たした人が死亡した場合（長期要件），乗率は死亡した人の生年月日に応じて変わる（71頁参照）。短期要件は被保険者中の死亡および初診日が被保険者中にあり，その後資格喪失しその初診日より5年以内の死亡の場合，障害厚生年金1級～2級の受給権者の死亡に適用される。短期要件，長期要件ともに該当するときは有利な計算式になる。

◇中高齢の寡婦加算

夫が死亡したときに子（18歳到達年度の末日までの間にあるか20歳未満の障害を持つ子）のない40歳※以上65歳未満の遺族基礎年金が受けられない妻に支給される遺族厚生年金（短期要件）には，40歳から65歳になるまでの間，中高齢寡婦加算（612,000円）がつく。

ただし，老齢厚生年金の受給権者または受給資格期間を満たしている夫が死亡した場合（長期要件）は，中高齢寡婦加算が加算され

るには夫の厚生年金の被保険者期間が原則20年以上必要。

中高齢寡婦加算の具体的要件は次のとおり（令和5年度現在）。

①受給権者が妻であること

②夫の死亡当時，妻は40歳以上65歳未満であること

③18歳に達する年度の年度末までの子または20歳未満で1級・2級
障害に該当する子がいないこと（死亡当時，子があるときは子が
18歳の年度末を経過するかまたは障害の子が20歳になったときに
妻が40歳以上であればよい）

すなわち，遺族基礎年金が失権し遺族厚生年金を受給している40
歳以上の妻には中高齢寡婦加算がつくのである。

※平成19年4月より「35歳」から「40歳」に引き上げられた。また，
子のない妻に支給される遺族厚生年金は，夫が死亡したとき妻が
30歳未満の場合は5年間の有期年金となった。

◇経過的寡婦加算

遺族厚生年金を受けている妻が65歳になると，それまで遺族厚生
年金に加算されていた中高齢寡婦加算はなくなる。経過的寡婦加算
は，昭和61年4月1日に30歳以上であった昭和31年4月1日以前に
生まれた遺族厚生年金の受給権者の妻が65歳に達したとき加算され
るが，昭和31年4月2日以降生まれの妻には加算されない。

経過的寡婦加算額　(令和6年度の価格)

妻の生年月日	加算額	妻の生年月日	加算額
昭和2年4月1日以前生まれ	610,300円	昭和17年4月2日～昭和18年4月1日	284,820円
昭和2年4月2日～昭和3年4月1日	579,004円	昭和18年4月2日～昭和19年4月1日	264,477円
昭和3年4月2日～昭和4年4月1日	550,026円	昭和19年4月2日～昭和20年4月1日	244,135円
昭和4年4月2日～昭和5年4月1日	523,118円	昭和20年4月2日～昭和21年4月1日	223,792円
昭和5年4月2日～昭和6年4月1日	498,066円	昭和21年4月2日～昭和22年4月1日	203,450円
昭和6年4月2日～昭和7年4月1日	474,683円	昭和22年4月2日～昭和23年4月1日	183,107円
昭和7年4月2日～昭和8年4月1日	452,810円	昭和23年4月2日～昭和24年4月1日	162,765円
昭和8年4月2日～昭和9年4月1日	432,303円	昭和24年4月2日～昭和25年4月1日	142,422円
昭和9年4月2日～昭和10年4月1日	413,039円	昭和25年4月2日～昭和26年4月1日	122,080円
昭和10年4月2日～昭和11年4月1日	394,909円	昭和26年4月1日～昭和27年4月1日	101,737円
昭和11年4月2日～昭和12年4月1日	377,814円	昭和27年4月2日～昭和28年4月1日	81,395円
昭和12年4月2日～昭和13年4月1日	361,669円	昭和28年4月2日～昭和29年4月1日	61,052円
昭和13年4月2日～昭和14年4月1日	346,397円	昭和29年4月2日～昭和30年4月1日	40,710円
昭和14年4月2日～昭和15年4月1日	331,929円	昭和30年4月2日～昭和31年4月1日	20,367円
昭和15年4月2日～昭和16年4月1日	318,203円	昭和31年4月2日以後	―
昭和16年4月2日～昭和17年4月1日	305,162円		

8 遺族年金の計算例

◇要するに……

遺族基礎年金と遺族厚生年金が組み合わさると複雑になる。

◇遺族基礎年金のみの場合

子（18歳到達年度の末日までの間にあるかまたは20歳未満の障害を持つ子）または，子のある配偶者に遺族基礎年金が支給される。平成26年4月からは父子家庭にも支給されることとなった。

（注）遺族基礎年金の受給者が昭和31年4月2日以後生まれの方のときは816,000円，昭和31年4月1日以前生まれの方のときは813,700円となる。

◇第2号被保険者が死亡した場合

> 例．厚生年金加入中の夫が42歳で令和6年4月3日死亡。妻は38歳（昭和61年1月2日生まれ），子は10歳と6歳。夫の厚生年金加入期間22年（平成15年3月まで1年，平成15年4月以降21年），平均標準報酬月額30万円，平均標準報酬額50万円。

・遺族基礎年金

第1子が18歳の年度末まで	$816,000円 + 234,800円 \times 2 = 1,285,600円$
第2子が18歳の年度末まで	$816,000円 + 234,800円 \times 1 = 1,050,800円$
第2子が18歳の年度末以降	$0円$

・遺族厚生年金

〈第2子が18歳の年度末まで〉

$$\left\{ \left(300,000円 \times \frac{7.125}{1,000} \times 12 \right) + \left(500,000円 \times \frac{5.481}{1,000} \times 252 \right) \right\}$$

$$\times \frac{300}{264} \times \frac{3}{4} \fallingdotseq 610,445円$$

〈第2子が18歳の年度末以降，妻が65歳まで〉

$$610,445円 + 中高齢寡婦加算612,000円 = 1,222,445円$$

この事例の場合の遺族給付として，第1子が18歳の年度末までは189万6,045円が，第2子が18歳の年度末までは166万1,245円が，その後，妻が65歳までは122万2,445円が支給される。妻65歳以降の遺

族厚生年金の支給は，妻自身の老齢厚生年金がある場合には，本人の選択にかかわらず老齢厚生年金が優先的に支給される。

(例)　夫死亡(妻38歳) 40歳 (第2子18歳の年度末)　(65歳)

遺族基礎年金

中高齢寡婦加算

遺族厚生年金

遺族厚生年金(妻)
老齢厚生年金(妻)
老齢基礎年金(妻)

※第2子が18歳の年度末に達したときに遺族基礎年金は消滅するが，妻はそのとき40歳到達以後であるため，消滅と同時に中高齢寡婦加算が開始される。
※65歳以降の経過的寡婦加算は，妻の生年月日が，昭和31年4月1日以前生まれの人に対して加算される。

◇老齢厚生年金受給中の夫が死亡した場合

> 例．老齢基礎年金81万6,000円と老齢厚生年金（経過的加算を除く）120万円と配偶者加給年金額40万8,100円を受給中の夫（昭和32年4月20日生まれ）が令和6年5月1日に67歳で死亡。遺族は，厚生年金加入歴のない64歳の配偶者とする。

妻（昭和35年3月20日生まれ）に支給されるのは遺族厚生年金。

年金額　$1,200,000円 \times \dfrac{3}{4} = 900,000円$

夫（昭和32年4月20日生まれ）が厚生年金に20年以上加入しているので配偶者加給年金額を受けていたが，20年以上の加入期間がある長期の遺族厚生年金なので「中高齢寡婦加算」が65歳まで支給される。夫の死亡後，妻が65歳になるまで900,000円＋612,000円＝1,512,000円。

妻が65歳になると，妻自身に老齢基礎年金が支給されるが，このとき中高齢寡婦加算は経過的寡婦加算に切り替わる（147頁参照）。

経過的寡婦加算（昭和35年3月20日生まれの妻）→0円（経過的寡婦加算は昭和31年4月1日以前生まれの人に加算される）

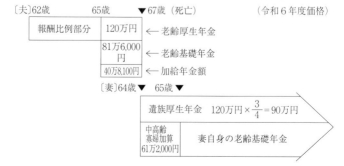

〔夫〕62歳　　　65歳　　　▼67歳（死亡）　　　　（令和6年度価格）

報酬比例部分	120万円	← 老齢厚生年金
	81万6,000円	← 老齢基礎年金
	40万8,100円	← 加給年金額

〔妻〕64歳　　65歳▼

遺族厚生年金　120万円 $\times \dfrac{3}{4}$ ＝90万円

中高齢寡婦加算 61万2,000円

妻自身の老齢基礎年金

⑨ 被用者年金制度一元化後の遺族厚生年金

◇2つ以上の厚生年金被保険者期間（第1号～4号厚生年金被保険者期間）がある人が亡くなった場合

　被用者年金制度が一元化前，つまり平成27年9月30日までに死亡した場合は，各共済組合の加入期間および厚生年金期間ごとに別々に遺族給付（遺族共済年金または遺族厚生年金）がそれぞれの共済組合および日本年金機構が決定し支給されていた。

　平成27年10月1日の一元化後の死亡については，公務員等（第2号～第4号厚生年金被保険者）も厚生年金の被保険者であった期間とみなして「遺族厚生年金」が支給されることとなった。

※短期要件と長期要件の違いは146頁

◇短期要件による遺族厚生年金

　死亡日に属する実施機関が「取りまとめ実施機関」となり，第1号～第4号の期間をまとめて1つの厚生年金被保険者期間のみを有していたものとみなして計算・決定し支給を行う。

　ただし，第1号～第4号厚生年金被保険者期間が，300月に満たないときには300月とみなして短期要件の遺族厚生年金を支給する。

〈例1〉

第1号厚年 （一般厚生年金） （5年）	第4号厚年 （私学共済） （7年）	第1号厚年 （一般厚生年金） （10年）

（被保険者中）死亡△

第1号（5年）＋第4号（7年）＋第1号（10年）＝22年＜25年（300月）

　例1では，死亡当時加入していた一般厚生年金（日本年金機構）が短期要件の遺族厚生年金を支給する。遺族厚生年金の額の決定においては日本年金機構が行うが，他の実施機関の加入期間を含めて，算出する。

◇長期要件による遺族厚生年金

　第1号～第4号の厚生年金被保険者期間ごとに各実施機関から支給される。それぞれの加入期間に基づいて遺族厚生年金を計算し，それを合算し，遺族厚生年金の総額を算出する。この総額に対してそれぞれの加入期間に基づいて計算した遺族厚生年金額に応じて按分して得た額が，各実施機関から支給される。

　なお，中高齢寡婦加算または経過的寡婦加算は，次のルールに基づき加算される。

①加入期間が最も長い実施機関が支給する遺族厚生年金に加算する。

②加入期間が同じ場合，1号厚年・2号厚年・3号厚年・4号厚年の順に加算する。

〈例2〉

第4号厚年 （私学共済） （4年）	第2号厚年 （国家公務員） （7年）	第1号厚年 （一般厚生年金） （20年）	国民年金 （納付済） （5年）

死亡△

第1号（20年）＋第2号（7年）＋第4号（4年）＋国年（5年）＝36年＞25年

　例えば死亡時には，老齢年金の受給資格期間を満たしていて，厚生年金被保険者ではないため，長期要件での支給となる。中高齢寡婦加算または経過的寡婦加算は，第1号厚年の期間が最も長いため，日本年金機構が支給する遺族厚生年金に加算される。

⑩遺族年金の併給調整等

◇要するに……

遺族年金を含んだ２つ以上の年金の受給権がある場合，特例的に併給されるケースがある。

◇遺族厚生年金と他の年金給付が受けられる場合

遺族厚生年金は，遺族の老後保障にとって不可欠なことから，65歳以降は例外的に老齢基礎年金との併給が認められている。また，平成18年４月以降は，本人の選択により老齢基礎年金に替えて障害基礎年金との併給も認められることとなった。そのため次の併給の組み合わせがある。

A　老齢基礎年金＋老齢厚生年金

B　老齢基礎年金＋遺族厚生年金

C　障害基礎年金＋老齢厚生年金

D　障害基礎年金＋遺族厚生年金

＜老齢厚生年金の優先支給＞

平成19年４月以降遺族厚生年金と老齢厚生年金の受給権がある場合には，65歳以降，老齢厚生年金が優先して支給され，遺族厚生年金の額が老齢厚生年金の額より高額な場合には，その差額が遺族厚生年金として支給されることとなった。つまり，65歳以降のこの２つの年金の併給調整は自動的に行われ，本人の選択によらないものとなった。

この新たな調整の仕組みは遺族厚生年金の支給事由が平成19年４月１日以降の死亡について原則適用される。ただし，平成19年４月１日前の死亡であっても，受給権者の生年月日が昭和17年４月２日以後の生まれである場合には，新たな調整の仕組みにより自動調整される。

（例）（改正前の一般的選択）　　（改正後の一般的支給例）

◇65歳以降の配偶者の死亡による遺族厚生年金の受給の特例

　平成6年の改正により，配偶者の死亡による遺族厚生年金を受けることとなった場合，65歳以降は受給者本人の厚生年金等の保険料納付実績をより反映させるために，次のEの選択ができることとなった。さらに，平成18年4月以降はFの組み合わせが加わった。

　　E　老齢基礎年金＋遺族厚生年金3分の2＋老齢厚生年金2分の1
　　F　障害基礎年金＋遺族厚生年金3分の2＋老齢厚生年金2分の1

　遺族厚生年金の受給権者本人の老齢厚生年金が，死亡した配偶者の老齢厚生年金より低額であっても，配偶者の老齢厚生年金の2分の1より高ければA～Dのケースより合計額が高額となるとき，EまたはFのケースでの併給が可能となったものである。なお，平成19年4月以降は，遺族厚生年金と老齢厚生年金との自動調整の際に，配偶者の死亡による遺族厚生年金の受給権を取得した場合（受給権者が昭和17年4月2日以後生まれの場合には，平成19年4月前の死亡による遺族厚生年金を含む）には，この遺族厚生年金3分の2と老齢厚生年金2分の1の組み合わせでの併給が有利となる人については，この組み合わせによる合計額から本人の老齢厚生年金の額を差し引いた額が遺族厚生年金として支給される。つまり，老齢厚生年金と遺族厚生年金については受給者本人にとって最も有利な組み合わせでの年金支給が自動的になされることになった。

　遺族厚生年金3分の2と老齢厚生年金2分の1との組み合わせによる年金の併給は，配偶者に支給される遺族厚生年金の場合にのみ適用されるため，父母等が受給する場合には適用されない。

　また，平成19年4月以降の遺族厚生年金と老齢厚生年金の併給調整は，本人の選択によらず自動調整され，65歳以降厚生年金の被保険者であって老齢厚生年金を一部または全部が支給停止されている場合でも，全額支給されているものとして行われる。

〈一覧〉年金の受給権の消滅事由

年金の種類	受給権が消滅する理由
すべての年金に共通	死亡したとき
特別支給の老齢厚生年金	65歳に達したとき
障害基礎年金障害厚生年金	(1)障害等級表に定める3級の障害の状態でなくなったまま65歳に達したとき（65歳に達した日に3級の障害の状態でなくなってから3年が経過していないときは3年が経過したとき） (2)新たな障害基礎年金・障害厚生年金を受けられるとき（前後の障害を合わせた新しい障害基礎年金・障害厚生年金を受けられるとき）
遺族基礎年金遺族厚生年金	(1)婚姻したとき (2)養子となったとき（直系血族または直系姻族の養子となったときを除く） (3)離縁により死亡した人との親族関係がなくなったとき (4)妻または夫が受給権者の場合，すべての子が次のいずれかに該当したとき（遺族基礎年金のみ受給権消滅） 　①死亡したとき 　②婚姻したとき（事実婚を含む） 　③妻または夫以外の者の養子となったとき（事実上の養子を含む） 　④離縁によって，死亡した人の子でなくなったとき 　⑤妻または夫と生計を同じくしなくなったとき 　⑥18歳到達年度の末日が終了したとき（1級または2級の障害の状態にあるときを除く） 　⑦18歳到達年度の末日終了後，1級または2級の障害に該当しなくなったとき 　⑧20歳に達したとき (5)受給権者が子または孫の場合は，次のいずれかに該当したとき 　①18歳到達年度の末日が終了したとき（1級または2級の障害の状態にあるときを除く） 　②18歳到達年度の末日終了後，1級または2級の障害に該当しなくなったとき 　③20歳に達したとき
遺族厚生年金	(6)受給権者が，父母，孫または祖父母の場合は，被保険者等の死亡の当時，胎児だった子が生まれたとき (7)妻が受給権者で，アまたはイの日から5年を経過したとき 　ア．夫死亡時に子のない30歳未満である妻が遺族厚生年金の受給権を取得した日 　イ．子のある妻で，30歳に達する前に，遺族基礎年金の受給権を喪失した日
寡婦年金	(1)65歳に達したとき (2)婚姻したとき (3)養子となったとき（直系血族または直系姻族の養子となったときを除く） (4)自分の老齢基礎年金の繰上げ請求をしたとき

第6章

年金獲得相談Q＆A

① 年金手帳と組合員証

――― ●ケース ―――

　私は就職以来ずっと今の会社に勤めており，年金手帳というものを見たことがありません。どのようになっているのでしょうか。

◇年金手帳

　国民年金では，自営業者などの第1号被保険者が自分で加入手続きや保険料の支払いを行うが，厚生年金では会社がまとめて加入の手続きをし，保険料は給与から差し引かれる。したがって，年金手帳をもらっても厚生年金では，勤務先で保管する場合がある。質問者の場合もこれに該当するものと思われる。

　かつては一度離職し再就職したときに会社に年金手帳を提出しないと，新規に年金手帳の交付を受けることがあった。

　このように1人で年金手帳を2通以上持つと，将来，年金を受けるときに被保険者期間が通算されないなど不利な扱いを受けることになるため，必ず年金事務所へ行き，加入期間を基礎年金番号に統合してもらう必要がある。

　各共済組合については，加入時に「組合員証」が発行される。組合員証は，組合員の資格を証明するもので，医療機関の受診時に使用し健康保険証に当たるものである。公的年金については，平成9年1月に公的年金制度に共通の基礎年金番号制度が導入され，それまでは各共済組合が独自に付番していた番号で管理されていたが，当時一斉に全共済組合員に基礎年金番号が付番された。

　組合員証について記載や誤り，組合員および被扶養者の住所，氏名の変更を勝手に訂正することは許されず，必ず共済組合に申し出なければならない。

　なお，共済組合員は，平成27年10月以降は厚生年金制度に加入しているので，基礎年金番号通知書は交付されている。また，令和2年年金法改正により，令和4年4月以降「年金手帳」を新規交付しないこととなり，初めて年金制度に加入するときに年金手帳の代わりに「基礎年金番号通知書」が送付されることとなった。

年金手帳に関する届出

提出事由 (添付書類)		届出書の名称	提出先	提出者	提出期限
※2 氏名が変わった とき (年金手帳)	※国 民	被保険者氏名変 更届	住所地の市区町 村役場	本人	14日以内
	厚 生	被保険者氏名変 更届	事業所管轄の年 金事務所	事業主	遅滞なく
生年月日が間 違っていたと き (年金手帳)	※国 民	戸籍謄本等，生年月日の分かるものを持って市区町村 役場へ			
	厚 生	被保険者生年月 日訂正届	事業所管轄の年 金事務所	事業主	そのとき
基礎年金番号 通知書や年金 手帳をなくし てしまったと き	国 民	基礎年金番号通知 書再交付申請書	第1号被保険者 →市区町村役場	本人	そのとき
			第3号被保険者 →配偶者の管轄の 年金事務所	事業主	
	厚 生	基礎年金番号通知 書再交付申請書	事業所管轄の年 金事務所	事業主	遅滞なく

※1　現に国民年金の第1号被保険者である場合に限る。
※2　国民年金・厚生年金被保険者の氏名が変わった場合，マイナンバーと
　　基礎年金番号が結びついているときは，原則届出は不要。
※3　20歳に達したとき，または20歳前に初めて厚生年金に加入したときに
　　年金手帳が交付されていたが，令和4年4月から交付は廃止され，資
　　格取得のお知らせとして基礎年金番号通知書を送付することに変更さ
　　れる。

組合員証に関する届出

提出事由	添付書類	届出書の名称
組合員証の紛失・破損・無余白 となったとき	組合員証	組合員証再交付申請書
組合員の氏名・住所の変更，被 扶養者の氏名変更	組合員証	被扶養者申告書
組合員の資格を喪失したとき	――	組合員証を返納

◇種別変更の届出

　60歳未満で退職して自営業者等になった場合は市区町村へ，ま
た，結婚して第1号被保険者から第3号被保険者となるような場
合，平成14年4月1日以降は，配偶者の事業主を通して会社を管轄
する年金事務所へ「国民年金第3号被保険者関係届」の提出が必要
である。さらに，平成26年12月1日より，第3号被保険者から第1
号被保険者に変更の場合，第3号の資格喪失の届出が，配偶者を雇
用している事業主とすることが義務付けられた。

②もらい忘れ年金のパターンと受給手続き

●ケース

もらい忘れ年金を探す方法はありますか。また，探し出した場合の手続きはどのようにするのですか。

平成21年4月から，国民年金や厚生年金の被保険者の誕生月に「ねんきん定期便」が送付された。ねんきん定期便には，公的年金の加入履歴が古い順に記載されていた。

この記録と自分自身で作成した履歴書を突き合わせ，もらい忘れの期間を見つけること。

なお，「ねんきん定期便」では，原則として直近1年間の保険料納付状況が通知される。

◇もらい忘れ年金のパターン

もらい忘れ年金にはパターンがあり，主なものは次のとおり。

①結婚前に勤めていた先のもらい忘れ（専業主婦の場合等）

ただし，結婚退職時に脱退手当金をもらい，厚生年金を精算してしまった場合は，その間の年金はもらえない。

②転職を繰り返した人のもらい忘れ

厚生年金の被保険者期間が1ヵ月以上あれば追加請求できる。
大正15年4月1日以前の生まれで旧国民年金の人は，厚生年金の被保険者期間が1年以上ないともらえない。

③公務員になる前の民間会社時代のもらい忘れ

④受給権が発生しても請求手続しなかった場合のもらい忘れ
　（受給権発生が60歳の人の例）

定年後も会社に勤めている人にみられる。新たに被保険者期間が見つかった等により，特例的に５年を超えた分が支給されることもある。

⑤戦時中に民間軍需工場に勤めていたときのもらい忘れ

制度の開始は，現業は昭和17年６月より，事務職と女性は昭和19年10月より。

◇トーク例

・主婦に対して

「結婚前にお勤めになったことはありませんか」

「そのとき，脱退手当金はもらわれましたか」

「年金手帳を２冊お持ちになっているようなことはありませんか」

・サラリーマンで退職した人に対して

「１つの会社にずっとお勤めだったのですか。昔，転職を繰り返されたようなことはありませんか」

「昔，公務員だったり，農協で働かれていたことはありませんか」

「戦争中は，何をされていましたか」

・公務員で退職した人に対して

「公務員になる前に，民間企業で働かれたことはありませんか」

・自営業者に対して

「若い頃，民間企業で働いたことはありませんか」

「修業時代はどこで過ごされましたか」

年金受給者のもらい忘れ年金請求手続き

```
日本年金機構から，ねんきん定期便に同封され「年金加入歴」が送付された。
```
↓
```
過去の職歴をすべて書き出し，「年金加入歴」と突き合わせる。
```
↓ 訂正あれば
```
「年金加入記録照合票（上記ねんきん定期便に同封されている）に必要事項を記入の上，同封された返信用封筒で返送するか，または年金証書を添えて近くの年金事務所に行く。
```
↓
```
日本年金機構で新たに年金記録が確認できたときは，再請求し，年金額を改定，年金給付の時効（５年）を適用せずさかのぼって年金を支給する。
```

③夫婦2人の年金をアドバイス

──●ケース──

　昨年61歳で退職されたご主人の老齢厚生年金獲得のために家庭を訪問したところ，奥様から「私自身の年金はどうなるのか」と質問されました。奥様は今年59歳になるそうです。

◇夫婦2人の年金

　夫がずっとサラリーマンで，昭和60年4月に結婚以来ずっと妻が専業主婦だったとすれば，年金歴は次のようになる。

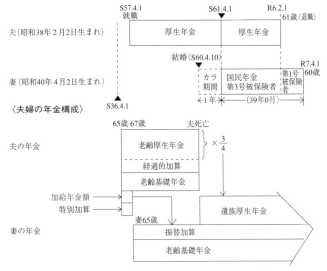

〈夫婦の年金構成〉

◇妻へのアドバイス

　夫が，61歳以降引き続き在職するか，退職後すぐに転職すれば妻は以前と同じく国民年金の第3号被保険者であり，夫の健康保険の被扶養者となる。退職すると妻は国民年金の第1号被保険者となり，60歳に達するまで国民年金保険料月額1万6,980円（令和6年度額）を納めなければならない。

　健康保険については，夫が退職し任意継続被保険者となれば引き

続き最長２年間，被扶養者としてのメリットが享受できる。

ただし，健康保険の被扶養者や国民年金の第３号被保険者の認定において，原則として国内に居住しているという要件が導入された。例外として留学生や海外赴任に同行する家族などは，従来どおりである。

◇国民年金の種別変更の手続き

夫の退職により，妻が第３号被保険者から第１号被保険者に変わる場合は，市区町村の窓口に種別変更の届出が必要になる。

配偶者の届出一覧（平成14年４月１日より）

届出が必要なとき	加入者の種別の変更	届出の種類
夫が自営業から会社に転職	第１号被保険者　→　第３号被保険者	夫の勤務先（年金事務所）
会社員と結婚後に20歳に到達	未加入　→　第３号被保険者	〃
家事手伝いなどの人が会社員と結婚	第１号被保険者　→　第３号被保険者	〃
結婚退職または共働きの中止	第２号被保険者　→　第３号被保険者	〃
夫が退職して自営業・妻の収入の増加・離婚	第３号被保険者　→　第１号被保険者	市区町村へ（注）
共働きの開始	第３号被保険者　→　第２号被保険者	勤務先（年金事務所）
夫の転職	第３号被保険者資格はそのまま（種別確認の届）	夫の勤務先（年金事務所）

（注）第３号被保険者の資格喪失届出は夫の勤務先を経由して行うが，妻自身は，第１号の取得届を市区町村に提出する必要がある。

◇妻自身の年金

前頁のケースでは，妻が65歳になるまでは，夫の年金に65歳から「加給年金額と特別加算」がつき金額は合計で40万8,100円（令和６年度価格）。ただし，これは夫の年金で，妻が65歳になれば自分自身の老齢基礎年金に振替加算がつく。金額は次のとおり（保険料の納付済期間は第３号被保険者と第１号被保険者の期間となるので，昭和61年４月以降の国民年金の加入期間で計算）。

$$816,000円 \times \frac{39年 \times 12(468月)}{40年 \times 12(480月)} = 795,600円$$

振替加算　15,732円　　　　合計　811,332円

4 サラリーマンの妻への年金アドバイス

――― ●ケース ―――

昭和39年9月2日生まれでサラリーマンの妻です。23歳となった年の11月に結婚し，夫の扶養配偶者となりましたので第3号被保険者期間は36年と10ヵ月になる予定です。このままだと年金額は少ないと思うのですが，増やす方法はないでしょうか。なお，過去に国民年金の保険料を納めたことはなく，また厚生年金に加入した期間はありません。

◇現在の年金額

結婚後の第3号被保険者期間のみで10年（120月）以上あるので，老齢基礎年金の受給資格期間を満たしている。このまま65歳になったとした場合の老齢基礎年金の額は次のようになる。

$$816,000円 \times \frac{36年 \times 12月 + 10月（442月）}{40年 \times 12月（480月）} = 751,400円$$

妻が65歳になると振替加算がつくが，この金額は1万5,732円なので，合計で76万7,132円が65歳からの年金額である。

◇任意加入で年金額を増やす

年金額を増やす方法には，いくつかある。1つは国民年金に任意加入する方法で，他の方法は勤めに出て，厚生年金に加入する方法である。就職しないとすれば国民年金に任意加入することを考えてみる。

任意加入被保険者になれるのは，国民年金の適用から除外されている人のうち，次に該当する人で，第1号被保険者として加入することになる。

①日本国内に住所を有する20歳以上60歳未満の人で，老齢（退職）年金の受給権者であるために適用除外の扱いを受けている人

②日本国内に住所を有する60歳以上65歳未満の人

③日本国籍があって外国に居住している20歳以上65歳未満の人
　　ただし，老齢基礎年金の繰上げ支給を受けている人は加入できな

い。質問者が今年の9月（60歳）から65歳になる月の前月までの間のうちに，国民年金に38月間（480月に達するまで）任意加入すると，年金額は次のようになる。

$$816,000円 \times \frac{442月 + 38月（480月）}{40年 \times 12月（480月）} = 816,000円$$

年金額は6万4,600円増加し，振替加算1万5,732円を合わせると83万1,732円となる。

なお，65歳になったときに老齢基礎年金の資格期間を満たしていない昭和40年4月1日以前に生まれた人は，特例的に70歳まで任意加入することができる。

◇任意加入被保険者としての保険料

60歳以後38月間，任意被保険者になると，毎月保険料を納めなければならないが，国民年金の保険料は令和6年度は月額1万6,980円である。令和6年度の保険料額で計算すると，今後38月間の保険料は64万5,240円となる。この負担は，年金増加分6万4,600円のほぼ10年分に相当する。75歳以上になるまで長生きすれば，モトは取れるというわけである。ただし，質問者は現在収入がないとすると，保険料納付に際しては夫の協力が必要といえる。

◇任意加入の手続き

任意加入被保険者の資格は，市区役所，町村役場の窓口で国民年金の任意加入を申し出た日に取得し，また，申出によりいつでも資格を喪失することができる。任意加入の手続きには次の書類が必要。
・年金手帳または基礎年金番号通知書
・保険料を引き落す口座の通帳と届出印，またはクレジット・カード
・国内に住所がないときは氏名，性別，生年月日，本籍地が分かる書類
・「国民年金・厚生年金保険年金証書」（65歳未満の老齢厚生年金を受給中の場合）

60歳未満で国外に居住中に任意加入していた人が，帰国することで第1号被保険者となった場合は，住所地の市区町村役場へ届け出ることが必要となる。

⑤支給される年金にかかる税金

── ●ケース ──
　3月に64歳で退職され，報酬比例相当の老齢厚生年金と厚生年金基金の上積部分および確定給付年金を合わせて年間240万円の年金を受給されるお客様の税金はどうなりますか。他に収入はなく，家族は専業主婦の奥様（56歳）1人，前年は給与収入のみで金額は1,000万円です。

◇年金収入は雑所得

　年金収入は雑所得に該当するが，雑所得金額は，年金収入から公的年金等控除額を差し引いて求める。

公的年金等控除額の速算表

公的年金等の収入金額	65歳未満	65歳以上
130万円未満	60万円	110万円
130万円以上330万円未満	収入×25％＋ 27万5,000円	
330万円以上410万円未満	収入×25％＋ 27万5,000円	同左
410万円以上770万円未満	収入×15％＋ 68万5,000円	
770万円以上1,000万円未満	収入×5 ％＋145万5,000円	

※公的年金等に係る雑所得以外の所得の合計が，1,000万円以下の場合。

　ケースの場合は，240万円の年金で65歳未満なので雑所得金額は次のように計算する（令和6年以降の年金収入とする）。

240万円 −（240万円×25％＋27.5万円）＝152.5万円

　ここから所得控除の合計額を差し引いたのが課税所得金額であるが，所得控除は基礎控除48万円，配偶者控除38万円，生命保険料控除5万円，地震保険料控除5万円，社会保険料控除10万円と仮定する。

152.5万円 − 106万円 ＝ 46.5万円

　税率は5.105％なので（復興特別所得税率を含む），所得税額は2万3,738円（1円未満切捨て）となる。

　公的年金収入に対する住民税の課税所得金額については，所得控除が基礎控除43万円，配偶者控除33万円，生命保険料控除3.5万円，地震保険料控除2.5万円，社会保険料控除10万円と仮定。

152.5万円 − 92万円 ＝ 60.5万円

　税率は10％なので，住民税額は6万500円となる。

◇退職後２年間は確定申告，住民税に配慮が必要

　令和６年３月の退職だと，おそらく退職一時金が出ていると思われるが，これは源泉徴収により所得税，住民税が精算されるので他の所得とは合算されない。ところが，前年１月１日から12月31日までの所得に対して令和６年に住民税がかかる。住民税は，６月，８月，10月，翌年の１月に納付する。前年（令和５年）の収入が1,000万円あるので，住民税の課税所得は，780万円と仮定する。

　　住民税額　7,800,000円×10％＝780,000円

　つまり４期に分けて19.5万円ずつを納付しなければならない。この点のアドバイスを怠り，退職一時金の全額を定期預金等で獲得したりすると，後でトラブルになることもあるので注意が必要。

　次に令和６年１月から３月までの収入に対する所得税を考える。

　給与所得者の時代は，年末調整により年末に税額が調整されていた。退職した年（12月末に退職した場合を除く）は年末調整が行われないので，翌年の２月16日から３月15日までの間（日程はその年によって若干前後する）に確定申告を行って税金を支払わなければならない。また，本年の所得に対し，来年の住民税がかかってくる。この点もアドバイスに欠かせない。

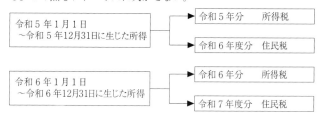

退職所得税額速算表

課税退職所得金額(A)		所得税率(B)	控除額(C)	税額＝(A×B−C)×102.1％
	195万円以下	5％	−	(A×5％　　　　　　　)×102.1％
195万円超	330万円〃	10％	97,500円	(A×10％−　　97,500円)×102.1％
330万円〃	695万円〃	20％	427,500円	(A×20％−　427,500円)×102.1％
695万円〃	900万円〃	23％	636,000円	(A×23％−　636,000円)×102.1％
900万円〃	1,800万円〃	33％	1,536,000円	(A×33％−1,536,000円)×102.1％
1,800万円〃	4,000万円〃	40％	2,796,000円	(A×40％−2,796,000円)×102.1％
4,000万円〃		45％	4,796,000円	(A×45％−4,796,000円)×102.1％

（注）求めた税額に１円未満の端数があるときはこれを切り捨てる。

⑥繰上げ支給と繰下げ支給の得失
（昭和17年４月２日以後生まれの人のケース）

●ケース

　厚生年金に20歳～60歳のうち30年間加入しているお客様（昭和35年３月生まれ）から，繰下げ支給について尋ねられました。どう答えればよいでしょうか。他に公的年金の加入歴はないそうです。

◇部分年金や特別支給の老齢厚生年金は繰上げ支給ではない

　65歳前の特別支給の老齢厚生年金を受給するのは，繰上げ支給とはいわない。原則どおりの受給の仕方である。支給開始年齢から特別支給の老齢厚生年金を受けていても，65歳になるとその年金が消滅し，新たな本来の老齢厚生年金（経過的加算を含む）と，老齢基礎年金の受給権が発生する。したがって，60歳台前半の老齢厚生年金は繰下げできず，繰下げ支給率も適用されない。

◇昭和17年４月２日以降生まれの人は，老齢厚生年金と老齢基礎年金を同時に繰下げることができる

　上記のケースの場合で，仮に老齢厚生年金と老齢基礎年金を合わせて198万5,000円受給できる人とする（加給年金額の加算はないものとする）。20歳から60歳までの40年間のうち，30年間厚生年金に加入していたということは，国民年金の第２号被保険者として30年間加入し，他に公的年金の加入歴がないので，老齢基礎年金額に算入されない期間が10年あるという意味になる。

　そのため老齢基礎年金の額は，816,000円×30年÷40年＝612,000円となる。年金の合計が198万5,000円なので，老齢厚生年金は137万3,000円となる。昭和17年４月２日以後生まれの人は，両年金を同時に繰り下げることも，片方の年金のみ繰り下げることもできる。ここでは老齢基礎年金のみ繰り下げるとすると，66歳０月での繰下げ請求では66万3,408円になる。70歳で繰下げ請求すれば86万9,040円となる。また，繰下げ請求するつもりで待っている間に死亡した場合には，遺族が未支給の年金として請求することができる。

　令和４年４月からは最長で75歳になるまで繰下げ請求でき，増額

率は最大84％となる。新制度が利用できるのは令和4年4月1日以後に70歳になる人なので，対象者は昭和27年4月2日以後生まれの人となる。また令和5年4月1日から昭和27年2日以後生まれの方を対象に「特例的な繰下げみなし増額制度」が始まった。192頁の［資料4］を参照。

65歳以降も勤務する人や，収入のある人なら，こうした方法を考えていただくよう勧めてみるのもよいだろう。

◇**長生きのリスクと繰下げ支給のメリット（令和6年度額）**

国民年金の満額支給額81万6,000円を受けられる人がいたとする。この場合，65歳になった日の属する月の翌月以降の偶数月に2ヵ月分ずつの13万6,000円を受け取ることになる。

ところが，66歳0月まで待つと8.4％増の88万4,544円が年金額となり，月額7万3,712円ずつ受け取れる。長生きすることが繰下げ支給の前提となるが，人生100年を迎えつつある昨今の状況では，「長生きのリスク」も考慮すべきではないか。他の事業収入などがあって生活に余裕のある人ならぜひ利用すべきだ。

◇**繰上げ，繰下げ支給の利用状況**

老齢厚生年金（第1号厚年）の受給権を有しない老齢基礎年金および旧法の老齢年金（5年年金を除く）の繰上げ・繰下げ支給の割合を見たのが下の表である。

繰上げ・繰下げ支給の割合　　　　　　　　　　　　（各年度末現在）

年度	平成27	28	29	30	令和元年	2年	3年	4年
繰上げ支給率（％）	35.6	34.1	32.3	30.8	29.5	28.2	27.0	25.7
繰下げ支給率（％）	1.4	1.4	1.5	1.5	1.6	1.7	1.8	2.0

「令和4年度　厚生年金保険・国民年金事業の概況」より

国民年金（5年年金を除く）の受給権者は，繰上げ率は低下傾向にある一方で，繰下げ率は上昇傾向にある。

老齢厚生年金受給権者のうち，特別支給の老齢厚生年金の受給権者を含まない受給権者の繰上げ・繰下げ受給状況を見ると，令和4年度末現在で繰下げ率1.3％で，繰上げ率0.7％となっている。

7 法人への高年齢者雇用アドバイス

●ケース

当社には，昭和39年３月10日生まれの女性で今年３月に60歳の定年を迎える経理担当社員がいます。現在，月42万円の賃金を払っていますが，高年齢者継続雇用制度を利用し，25万円程度の賃金で賞与がなくても嘱託として勤めたいと言っています。

◇被雇用者のメリット（令和５年８月１日現在）

定年後も引き続き雇用されるケースでは，本人に５年以上の雇用保険の被保険者期間があり，60歳以降の賃金が60歳到達時の賃金の75％未満に減少する場合，高年齢雇用継続給付の対象者となる。

本ケースでは月42万円の賃金が定年後月25万円に減少するので，25万円の15％（3.75万円）が高年齢雇用継続基本給付金の額（令和５年８月１日現在，賃金と給付金の合計額は37万452円が限度）。

60歳から63歳になるまでは，下記①のように賃金と給付金合計28万7,500円で生活することになる。さらに，63歳（年金支給開始年齢）到達以後は，賃金と給付金の合計額を受給できる上に，下記②のように在職老齢年金額を受け取ることができる。

ちなみに，平成15年３月までの18年間の平均標準報酬月額を42万円，平成15年４月から定年前の令和６年２月までの20年間と11月および定年後から年金支給開始年齢までの３年間も含めて23年間11月の平均標準報酬額を65万円とする。

〔報酬比例部分（63歳から65歳になるまでの間）〕

$$420,000円 \times \frac{7.125}{1,000} \times 216月 + 650,000円 \times \frac{5.481}{1,000} \times 287月$$
$$= 1,668,861円 \cdots 基本年金額$$

・基本月額＝1,668,861円÷12＝139,071円

①60歳から63歳になるまで

・賃金低下率（％）：250,000円÷420,000円×100＝59.52％＜61％

・高年齢雇用継続基本給付金＝25万円×15％＝37,500円

・収入の合計＝250,000円＋37,500＝287,500円

なお事例の女性の場合は，60歳台前半の老齢厚生年金の支給開始

年齢が63歳のため，63歳到達月まで老齢厚生年金の支給はない。

②63歳到達以後65歳に達するまで

　この間は，高年齢雇用継続基本給付金に加えて在職老齢年金が支給される。高年齢雇用継続給付と在職老齢年金が同時に支給される場合には，標準報酬月額の最大6％が調整額として在職老齢年金から支給停止される。令和6年4月からは支給停止調整額が50万円。

・高年齢雇用継続基本給付金＝37,500円（上記①の計算式と同じ）

〔在職老齢年金の計算〕

・基本月額＝1,668,861円÷12≒139,071円（左頁参照）

・基礎月額（139,071円）＋総額報酬月額相当額（260,000円※）＜50万円（在職老齢年金の支給停止調整額）。したがって，在職老齢年金は全額支給される。

・調整額＝260,000円※×6％＝15,600円（高年齢雇用継続給付が賃金の15％支給されるため調整額は標準報酬月額の6％となる）

・収入の合計＝250,000円＋37,500円＋139,071円－15,600円

　＝410,971円

※賃金月額250,000円の場合，標準報酬月額は260,000円

在職期間	賃金 A	高年齢雇用継続給付 B	在職老齢年金 C	調整額 D	収入の合計 A+B+C-D
①60歳～63歳到達月	25万円	37,500円	なし	なし	287,500円
②63歳到達翌月～65歳	25万円	37,500円	139,071円	15,600円	410,971円

◇事業者サイドのメリット

　雇用する会社側としては，支払う賃金が25万円に減少（標準報酬月額は26万円＝60％に減少）することによって，法定福利費（社会保険料）も約40％節約できる（以下概算。令和6年4月現在）。

厚生年金保険料　　　　$26万円 \times \frac{183.00}{1,000}（保険料率） \times \frac{1}{2}（折半負担）＝23,790円$

健康保険料・介護保険料　$26万円 \times \frac{115.8}{1,000}（同上） \times \frac{1}{2}（同上）＝15,054円$
（東京都の協会けんぽ）　　　　　　　　　　　　　　　（介護保険料率$\frac{16.0}{1,000}$を含む）

雇用保険料事業主負担　$25万円 \times \frac{9.5}{1,000}（同上）＝2,375円$

　　　　　　　　（本人負担　$25万円 \times \frac{6}{1,000}（同上）＝1,500円$）

労災保険料　　　　　　$25万円 \times \frac{4.4}{1,000}（同上）＝1,100円$（全額事業主負担）
　　　　　　　　　　　　　　　　　　　　　　　（全業種平均の保険料率）

⑧年金の請求手続き

─ ●ケース ─

　本年10月に65歳になる個人事業主です。年金の請求手続きは，どこでどのようにすればよいのですか。

◇年金請求手続き

　年金は受給年齢に達すると何らかの通知がある。請求しないと受給できないが，請求手続きには一定の必要書類を準備し，加入していた年金制度により下記の提出先へ年金請求書を提出することになる。

　受給資格が日本年金機構のデータで確認できる人には，受給権発生前3ヵ月頃に「年金請求書（国民年金，厚生年金保険老齢給付）」が，郵送されている（平成17年10月より実施。182頁参照）。

　年金請求書が事前に送付されない場合でも合算対象期間を含めて，老齢年金の受給資格期間を満たしている人は，年金事務所または街角の年金相談センターにある年金請求書（様式101号）で年金を請求する。合算対象期間の有無について確かでない人は，最寄りの年金事務所または街角の年金相談センターで相談することが必要。

〈年金請求書の提出先〉

①国民年金（第1号被保険者期間のみ）だけに加入していた人の場合……住所地の市区町村役場（国民年金だけの加入であるが，第3号被保険者の期間がある場合は，最寄りの年金事務所へ提出）

②最終加入の年金が厚生年金の人の場合……最寄りの年金事務所

③最終加入の年金が国民年金の人の場合（厚生年金から国民年金に変わった人）……最寄りの年金事務所

④単一共済年金の請求（全ての期間が1つの共済組合）……共済組合

⑤共済組合と国民年金・厚生年金が混在している場合……共済組合または，最寄りの年金事務所

◇受給後の手続き

　受給者の生存確認のために，毎年誕生月（1日生まれの人は前月）の約1ヵ月前に，日本年金機構からはがき形式の現況届が受給者あてに送付されていたが，平成18年12月から，原則として廃止された。ただし，マイナンバーが登録されておらず生存を確認できない人や外国籍（外国人登録）の人等には従前どおり現況届が送付されている。現況届が送付された場合は誕生月の月末までに返送する。提出を怠ると，年金が一時差し止めされる場合がある。

老齢給付の請求に必要な書類　　（老齢給付以外の手続きは86頁参照）

	主な書類	厚生年金	国民年金
1	年金請求書（国民年金・厚生年金保険老齢給付）または，年金請求書（注1）様式第101号	○	○
2	認め印・預貯金通帳	○	○
3	夫婦の年金手帳・基礎年金番号通知書	○	○
4	戸籍謄本（配偶者がいなければ戸籍抄本）	○	○
5	住民票の写し（家族全員）（注5）	○	○
6	雇用保険被保険者証あるいは失業保険被保険者証	○	×
7 (注3)	配偶者の非課税証明書または課税証明書	○	×
8	他の公的年金を受給している場合，その年金の年金証書	○	○
9 (注4)	共済年金制度に加入したことがある場合，「年金加入期間確認通知書」を交付してもらう	○	○
10 (注4)	配偶者の共済年金加入期間をカラ期間として利用して，自身の受給資格期間を満たすときは，配偶者の「年金加入期間確認通知書」	○	○

(注1) ○印が必要とするもの。
　　　添付書類の中で，1，4，5，7，10は各1通ずつ必要だが，提出したままで年金の請求者の手許には返還されない。
　　　2，3，6，8については，請求者に返還される。
(注2) 平成25年10月1日以降，原則として「老齢厚生退職共済年金受給権者支給停止事由該当届」の提出は不要となった。
(注3) 7.の配偶者の非課税証明書・課税証明書は，配偶者または請求者自身の厚生年金加入期間によっては不要な場合がある。
(注4) 9，10については，平成27年10月の被用者年金制度一元化以降は年金事務所等の窓口で各共済加入期間が確認できるときは不要。
(注5) 5については，平成31年4月以降，マイナンバーが登録済みの場合，住民票の写し（家族全員）は原則として不要となる。夫婦が別居している場合などケースによっては，各々の住民票の写しが必要となることもある。

⑨退職後の医療保険アドバイス

◇サラリーマンの医療費自己負担割合

　平成15年度から2割負担は3割負担に引き上がり，定年退職後加入する任意継続被保険者や国民健康保険制度等も3割負担となる。

◇退職後の医療保険

　国民皆保険制度のわが国では，退職後も何らかの健康保険に加入する必要がある。その選択肢は次の4つ。

①引き続き会社の健康保険に加入する（任意継続被保険者制度）
②国民健康保険に加入する
③特例退職被保険者制度を利用する
④家族の被扶養者となる

　家族の被扶養者となるためには，日本国内に住所のある被扶養者の年収が180万円未満（60歳未満は130万円未満），かつ，原則被保険者の収入の2分の1未満であること等が必要である。

◇任意継続被保険者となる方法

　健康保険の被保険者は，退職すると自動的に資格を失うことになるが，被保険者期間が継続して2ヵ月以上あれば退職後も引き続き最長で2年間はもとの健康保険の被保険者となることができる。これを「任意継続被保険者制度」という。法改正により2年以内でも本人の申出により任意継続被保険者から脱退することができることとなった。

　任意継続被保険者と特例退職被保険者が加入する健康保険組合の中には，付加給付があるものがある。付加給付の代表的なものは，被保険者の自己負担額が1ヵ月に一定額を超えた場合，超えた部分が健康保険組合から支払われるというもの。3割の自己負担額が一

定の水準を超えたとき，法定給付で超えた部分が高額療養費として患者に支払われる。医療費の財政が悪化し，高額療養費の支給基準額のバーが引き上げられている昨今，この付加給付は大きなメリットとなる。保険料は全額自己負担である。

◇国民健康保険に加入する方法

退職前の健康保険に任意継続加入しないのであれば，国民健康保険制度に加入することになる。令和6年度の保険料は，前年の収入等によって決定されるが上限は年額106万円（医療分89万円※＋介護納付金17万円）である。市区町村によって，保険料は異なり一律ではない。

※医療分には，後期高齢者支援金等の上限額24万円を含む。

◇特例退職被保険者制度

この制度は，厚生労働大臣の認可を受けた特定健康保険組合が，定年退職者などを対象に，国民健康保険を運営する都道府県に代わって独自に退職者医療制度を実施するもので，75歳となるまで加入することができる。被保険者となるためには，老齢厚生年金（特別支給の老齢厚生年金を含む）の受給権者であることが前提。

◇基本的ルート

退職直後の1年間は，国民健康保険の保険料が前年度の所得で計算されて高くなることが多いことから，通常退職後は任意継続被保険者となり，その後，国民健康保険へ，そして（原則）75歳で後期高齢者医療制度に進むのがルート化している。

各種医療保険の比較

保険制度	項目	保険料	本人負担	家族負担※
①健康保険	任意継続最長2年間	全額負担	3割	すべて3割
②国民健康保険	一般被保険者	市区町村ごと全額負担	3割	〃
③健康保険	再就職して資格取得	労使折半	3割	〃
④健康保険	家族の被扶養者	なし	3割	〃
⑤特例退職者	特例退職者医療	全額負担	3割	〃
⑥後期高齢者医療制度 原則75歳以上（経過措置あり）	各医療制度の被保険者または被扶養者であった人が75歳に達したとき	都道府県ごと全額負担	現役並み所得者→3割 一定以上所得のある方→2割 一般所得者→1割	

※義務教育就学前の家族は2割負担。
※70歳～74歳の人，2割負担（現役並み所得者は3割）。
※※後期高齢者医療制度では令和4年10月1日から，一定以上の所得のある人は現役並み所得者（窓口負担3割）を除いて，医療費の窓口負担が2割となった。

10 後期高齢者医療制度のアドバイス

─ ●ケース ─

平成20年4月より始まった後期高齢者医療制度とは具体的にどのような制度なのでしょうか。

◇要するに……

75歳以上の人・65歳以上の寝たきり等で都道府県単位で全市町村が加入する広域連合の認定を受けた人が被保険者となる。健保組合の被保険者，被扶養者だった人や国民健康保険の被保険者も75歳になると，後期高齢者医療制度の被保険者となる。

◇患者の自己負担

後期高齢者医療制度の医療費の負担は3つに区分され，一般所得者は1割であるが，一定以上の所得のある方は2割，現役並み（収入が夫婦とも後期高齢者医療制度の対象者のときは合算520万円以上等）の所得者は3割負担となっている。収入とは年金収入，給与収入，不動産収入などで必要経費や控除額を差し引く前の金額。

医療費の自己負担割合

年　齢	区　　分	自己負担割合
75歳以上	現役並み所得者	3割
	一定以上の所得がある者	2割
	一般所得者 (現役並み所得者，一定以上の所得がある者に該当しない者)	1割＊
70歳以上 75歳未満	現役並み所得者	3割
	一般所得者 (現役並み所得者，低所得者のどちらにも該当しない者)	2割
	低所得者Ⅰ　Ⅱ	
70歳未満	現役並み所得者	3割 （義務教育就業 前の者は2割）
	一般所得者 (現役並み所得者，低所得者のどちらにも該当しない者)	
	低所得者Ⅰ　Ⅱ	

＊令和4年10月1日から一定以上の所得がある者は，負担割合が1割から2割へ引き上げられた。令和7年9月30日まで配慮措置あり。
低所得者Ⅰ：世帯全員が住民税非課税 年収約80万円以下
低所得者Ⅱ：世帯全員が住民税非課税 年収約80万円超

70〜74歳の人は，昭和19年4月2日以降生まれの人を対象として自己負担割合が2割（現役並み所得者は3割）に引き上げられた。

70歳以上の高額療養費に係る自己負担限度額

適用区分		自己負担限度額	
		外来（個人ごと）	外来・入院（世帯ごと）
①現役並み	年収約1,160万円以上 標準報酬月額83万円以上 （課税所得690万円以上）	252,600円＋（総医療費－842,000円）×1％ （140,100円）	
	年収約770～1,160万円 標準報酬月額53万円以上 （課税所得380万円以上）	167,400円＋（総医療費－558,000円）×1％ （93,000円）	
	年収約370～770万円 標準報酬月額28万円以上 （課税所得145万円以上）	80,100円＋（総医療費－267,000円）×1％ （44,400円）	
②一般		18,000円 （年間上限144,000円）	57,600円 （44,400円）
③低所得者 （住民税非課税）	Ⅱ	8,000円	24,600円
	Ⅰ※		15,000円

(1) 70歳以上の人に高額療養費が適用される要件として，同一の病気，同一の医療機関といった要件は不要で，同一月に支払った負担額が基準となる。
(2) （ ）内は多数該当者の場合。多数該当者は過去12ヵ月以内に3回以上，4回目から該当
※年金収入80万円以下。

70歳未満の高額療養費に係る自己負担限度月額

所得区分（注1）	限度額	多数該当
83万円以上	252,600円＋（総医療費－842,000円）×1％	140,100円
53万円～79万円	167,400円＋（総医療費－558,000円）×1％	93,000円
28万円～50万円	80,100円＋（総医療費－267,000円）×1％	44,400円
26万円以下	57,600円	44,400円
低所得者（注2）	35,400円	24,600円

(注1) 金額は標準報酬月額
(注2) 低所得者は生活保護や市町村民税非課税世帯などの被保険者およびその被扶養者

また，自己負担は，月ごとの上限額が設けられている。

75歳以降の後期高齢者医療制度における高額療養費の自己負担限度額は，70歳以上の人と同じ。

◇後期高齢者医療の保険料

保険料の徴収は市区町村が行い，年額18万円以上の年金受給者の場合は年金から天引きされるが，一定の条件下で，同居の世帯主や配偶者がいる場合には，本人の希望により引き続き従来の口座からの支払いもできる。健康保険の被扶養者だった人も，75歳になると後期高齢者医療の保険料を納付することになるが，加入後2年間を経過するまでの期間に限り保険料の軽減措置はある。

⑪受給者へのアドバイス

●ケース

このたび老齢年金の手続きを終了し，年金が振り込まれるようになりました。今後は年金に対する手続きは不要なのでしょうか。

◇受給開始後の手続き

〈住所・支払機関の変更〉

住所の変更は，日本年金機構にマイナンバーが収録されていれば原則不要。ただし，日本年金機構にマイナンバーが未収録，住民票の住所と違う場所に住んでいる，または，成年後見を受けている人は必要になる。住所変更は，「年金受給権者住所変更届」を，最寄りの年金事務所等へ提出する。

支払機関の変更届は，マイナンバー，または年金証書に記載されている基礎年金番号と年金コード，生年月日などを所定の用紙に記入し，最寄りの年金事務所等に提出する。

公務員や私学共済の年金の支払機関の変更届は，一元化前（平成27年10月前）に受給権が発生している場合，加入していた共済組合等で用紙を取り寄せ手続きをする。平成27年10月以降に受給権が発生していれば，年金事務所等でも手続きが可能である。

〈加給年金額の支給対象者の異動〉

厚生年金や共済組合の加入期間が20年以上ある場合は，配偶者および18歳に達した年の年度末まで（障害を持つ者は20歳未満）の子の加給年金額が加算。配偶者または子の死亡，離縁，婚姻など加給年金額の支給対象者の異動があったときは加算がなくなるので，「加算額・加給年金額対象者不該当届」の提出が必要となる。放置しておくと，遡及して返還を求められることになるので注意が必要である。

上記「20年以上」は，一元化後は厚生年金の他に共済加入期間も合算して判断される。加給年金額は原則としていずれかの加入期間で最も長い制度の実施機関からの支給の老齢厚生年金に加算される。

〈扶養親族等申告書の提出〉

障害給付と遺族給付は非課税だが，老齢給付は課税の対象となる

ので，受給する老齢（退職）年金から税法上の配偶者控除，扶養控除等の控除を受けるときは，「公的年金等の受給者の扶養親族等申告書」を提出する必要がある。初年度用は年金請求書の一部にセットされている。国民年金については年金額が公的年金等控除額の範囲内であるため，記入不要。受給者には，翌年用の申告用紙が前年の11月頃日本年金機構から送付されてくる。詳しくは82〜83頁参照。

年金受給者が行う届出一覧〈国民年金・厚生年金共通〉

提出を必要とする事情	届書の名称	届書に添付する主な書類等	提出期限
誕生日がきたとき	年金受給権者現況届	受給者本人（代理人も可）のサインで生存申立て，診断書（診断書は障害年金のみ）	毎年誕生月の末日まで 住民基本台帳ネットワーク利用で原則廃止
氏名を変えたとき	年金受給者氏名変更届	年金証書	10日以内（国民年金14日以内）
※住所や年金の受け取り先を変えたとき	年金受給権者住所・支払機関変更届	なし（受取金融機関の変更には，新口座の確認印または通帳・コピー）	10日以内（国民年金14日以内）
年金を受けている人が死亡したとき	年金受給権者死亡届	年金証書，死亡を証する書類	10日以内（国民年金14日以内）
死亡した人の未払いの年金・保険給付を受けようとするとき	未支給(年金・保険給付)請求書	年金証書，死亡した人と請求する人の続柄が分かる戸籍謄本，死亡した人と生活をともにしていたことを証する書類	すみやかに
年金証書をなくしたときなど	年金証書再交付申請書	汚れたり，破れたときはその年金証書	そのつど
二つ以上の年金が受けられるようになったとき	年金受給選択申出書		すみやかに
支払通知書をなくしたとき	支払通知書亡失届	なし（郵便局の証明）	すみやかに

※住民票の住所と年金記録の住所が連動されているときは，住所変更届の提出は原則として不要。
※令和２年12月より，年金手続きについて一部を除き原則として押印が廃止されている。

12 老齢基礎年金の全部繰上げ

◇要するに……

　昭和16年 4 月 2 日以後に生まれた人の場合，特別支給の老齢厚生年金の報酬比例部分の支給開始年齢に達した日以降に，繰上げ支給の老齢基礎年金を受けても，特別支給の老齢厚生年金（報酬比例部分相当）は併給される。

◇対象者

　全部繰上げは，昭和16年 4 月 2 日以降生まれの人であれば，性別・生年月日の制限はない。

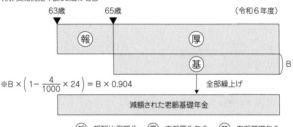

（例）支給開始年齢63歳の場合

※B ×$\left(1-\dfrac{4}{1000} \times 24\right)$ = B × 0.904

※令和 4 年 4 月から年金繰上げ支給による減額率が 1 ヵ月当り△0.5％から△0.4％に改善された。新しい減額率が適用されるのは，昭和37年 4 月 2 日以降生まれの人からである。それ以前の生年月日の人は，令和 4 年 4 月以降繰上げ請求しても従来の△0.5％／月が適用される。

　報酬比例部分の支給開始年齢は，次頁の表を参照のこと。

◇全部繰上げの概要

　厚生年金の被保険者は，国民年金の第 2 号被保険者でもあるので，65歳からは老齢基礎年金も支給される。この老齢基礎年金を繰上げして60～65歳未満の間で任意のときから受給しようとするのが全部繰上げで，国民年金の第 1 号被保険者や第 3 号被保険者の期間があればそれも同時に繰り上げて受給する。

⑬昭和38年10月10日生まれの女性（会社員）の繰上げ

◇要するに……

　昭和28年4月2日から昭和36年4月1日生まれの人（第1号厚年女性は5年遅れ）は，報酬比例相当の老齢厚生年金の支給開始年齢が段階的に引き上げられる。この生年月日に該当する人も60歳以降で本来の支給開始年齢に達する前に老齢基礎年金を繰上げ請求することができる。この場合には，報酬比例相当の老齢厚生年金も同様に繰上げ請求をしなければならない。この場合の老齢厚生年金と老齢基礎年金には一定の減額率が適用される。

報酬比例部分相当の老齢厚生年金の支給開始年齢

生年月日		報酬比例部分の支給開始年齢
男　性	女　性（第1号厚年）	
S28年4月1日以前	S33年4月1日以前	60歳
S28年4月2日～S30年4月1日	S33年4月2日～S35年4月1日	61歳
S30年4月2日～S32年4月1日	S35年4月2日～S37年4月1日	62歳
S32年4月2日～S34年4月1日	S37年4月2日～S39年4月1日	63歳
S34年4月2日～S36年4月1日	S39年4月2日～S41年4月1日	64歳
S36年4月2日以後	S41年4月2日以後	65歳

＊昭和24年4月2日以後生まれの人（第1号厚年女性は5年遅れ）には，定額部分は原則支給されない。

　ここでは，昭和38年10月10日生まれの女性（会社員）を例に，繰上げ支給の仕組みを説明する。

◇繰上げ支給の老齢厚生年金の仕組み

（63歳支給開始の人の例）

179

◇昭和38年10月10日生まれの女性（会社員）の場合（65歳未満の加給年金額対象配偶者あり，20歳0月から60歳に達するまで厚生年金の加入期間40年とする）

【本来の支給開始】 原則の支給開始年齢　63歳

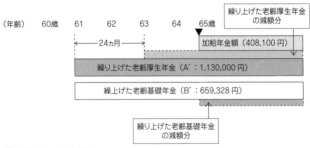

①63歳（支給開始年齢）時の支給額

　報酬比例相当の老齢厚生年金　　　　　　　　　1,250,000円

②65歳時の支給額

　・老齢厚生年金（1,250,000円）：ただし，経過的加算を計算外とする

　　＋加給年金額（408,100円）

　・老齢基礎年金（816,000円）

※60歳以後厚生年金に加入しないものとして計算

【61歳で繰上げ支給の場合】

①61歳時の支給額

　繰り上げた老齢厚生年金（A'）

　繰り上げた老齢基礎年金（B'）

$$（A'）= 1,250,000円 \times \left(1 - \frac{4}{1,000} \times 24\right) = 1,130,000円$$

$$（B'）= 816,000円 \times \left(1 - \frac{4}{1,000} \times 48\right) = 659,328円$$

②65歳時の支給額

　　繰り上げた老齢厚生年金（A'：1,130,000円＋加給年金額（408,100円）

　　繰り上げた老齢基礎年金（B'：659,328円）

〈留意点〉

・老齢厚生年金と老齢基礎年金も同時に繰上げ請求しなければならない

・本来65歳から支給の経過的加算も繰上げ支給となる

・加給年金額は，本来支給と同様に65歳からの支給となる

・減額率は1ヵ月につき0.4%（令和4年4月の1日前に60歳になる場合，老齢基礎年金，老齢厚生年金ともに減額率は，従来どおり1ヵ月につき0.5%となる）

・老齢厚生年金の減額は，61歳から63歳までの24ヵ月分の減額率が適用される

・老齢基礎年金の減額は，65歳から61歳までの48ヵ月分の減額率が適用される

・共済加入期間（第2号〜第4号厚生年金被保険者期間）があるときは，厚生年金加入期間（第1号厚生年金被保険者期間）のみの繰上げ請求はできず，全ての厚生年金被保険者期間について，繰上げ請求をすることとなる

（注）上記計算は，簡易計算式による

〈参考１〉 老齢給付年金請求書の事前送付

◇要するに……

　平成17年10月より，老齢基礎年金および老齢厚生年金の受給年齢を迎える人のために，年金加入記録等をあらかじめ印字した年金請求書や年金に関するお知らせ（ハガキ）が送付されている。送付対象者は，60歳台前半に特別支給の老齢厚生年金の受給権が発生する３ヵ月前の人と65歳になる３ヵ月前の人である。

◇受給開始年齢に達する３ヵ月前に郵送される人

　日本年金機構が管理している年金記録（共済加入期間を含む）で年金受給資格を満たしていると確認できる人か否かにより，年金請求書が送付される人とハガキが送付される人に分かれる。受給資格が確認できる人に，年金請求書が送付される。

〈年金請求書が送付される人〉

　特別支給の老齢厚生年金の請求については，被用者年金制度（厚生年金や共済年金制度）の加入期間が合算して１年以上あり，日本年金機構の加入記録上，公的年金の加入期間が原則10年以上（合算対象期間等を除く）ある老齢基礎年金の受給資格期間を満たしている人が対象となる。

　「年金請求書（国民年金・厚生年金保険老齢給付）」には，基礎年金番号，氏名，生年月日，性別，住所および年金加入記録が印字されている。平成27年10月以後は，被用者年金制度の加入期間の全てを合算して１年以上あると，特別支給の老齢厚生年金（報酬比例相当の老齢厚生年金を含む）の受給権が発生する。ただし各年金制度の支給開始年齢は被用者年金制度一元化前と変更はなく，各実施機関毎に異なる。

〈ハガキが送られる人〉

◇「年金に関するお知らせ（老齢年金のご案内)」

公的年金の加入期間が10年以上（合算対象期間等を除く）」あり，かつ厚生年金期間が12月未満の人，または国民年金加入期間のみの人で，65歳から年金を受け取ることができる人にはハガキで「年金に関するお知らせ（老齢年金のご案内）」が送付される。このハガキが送付される人には，65歳になる３ヵ月前に年金請求書が送られる。

◇「年金に関するお知らせ（年金加入期間確認のお願い）」

　基礎年金番号に登録されている年金加入期間では，年金を受給できる期間（10年：120月）が確認できない方に送られます。このため，このままでは65歳になっても年金請求書が送られてこないことになります。なお，日本年金機構の加入記録では，次の①〜③のケースは受給資格期間から除外されているので，注意が必要です。

①合算対象期間

　例としては，厚生年金や共済組合の加入者の配偶者であって国民年金に任意加入しなかった20歳以上60歳未満の期間（昭和61年３月まで）や，海外へ居住していた期間等。

②共済組合の加入期間

　平成８年以前に退職して脱退した共済組合の加入期間のうち，日本年金機構に情報提供されていない期間。

③基礎年金番号以外の年金手帳記号番号で加入している期間等

　基礎年金番号以外の番号があれば，それを基礎年金番号に統合しないと10年の受給資格期間とならないケースである。

　これらの期間は，受給資格期間として記録上登録されていないため，加入期間が記録上10年未満となっていることがある。そうした場合は，これを合算して受給資格期間を満たす必要があり，年金事務所へ出向き年金を請求する。

◇65歳になる３ヵ月前に請求書が郵送される人

　次の人に年金請求書が送付される。

①65歳になってはじめて受給権が発生する人

　国民年金期間のみの人，被用者年金制度の加入期間が１年未満で老齢基礎年金の受給資格期間を満たしている人。

②65歳前に受給権が発生しているが年金を未請求の人

したがって，60歳にハガキだけが送付され65歳になっても年金請求書が送付されない人は，従来どおり，年金事務所に備え付けの年金請求書（様式101号）で年金を請求することになる。

◇年金請求はいつするか

支給開始年齢に達し受給権が発生する場合は，支給開始年齢の誕生日の前日から年金請求ができる。65歳の場合も誕生日の前日からである。

手続きは，年金請求書とともに添付書類を持参して年金事務所等へ出向いて行う。

なお，年金請求手続きについては170～171頁を参照のこと。

年金請求書・ハガキ（案内）の事前送付の流れ

また，添付書類の戸籍謄本，住民票の写し等は，受給権発生前のものでも請求日前6ヵ月以内であれば，添付することが可能である。ただし，65歳となって加給年金額対象者となる配偶者がいる場合などは，65歳到達日以降の住民票の写し等を要求される場合がある。

なお，令和元年7月から，マイナンバーを活用した情報連携システムの利用により，住民票の写し・所得証明書の省略が可能な場合がある。令和6年3月以降，戸籍謄本等もマイナンバーと情報連携ができるようになったが，今のところ添付の省略は認められない。

〈参考２〉 ねんきん定期便の送付等

◇具体的な内容について

　ねんきん定期便とは，被保険者１人１人に対して，保険料納付実績や年金見込額など年金に関する個人情報を通知するものである。被保険者はそれで各自情報を確認した上で，将来の生活設計に役立てることを通じ，公的年金に対する理解を深めることを目的としている。

　実施開始は平成21年４月から，送付周期は毎年誕生月，送付対象は現役被保険者。

◇ハガキへの変更

　平成24年度以降のねんきん定期便は，原則ハガキによる様式に変更された。ただし，35・45・59歳という節目年齢の人には，これまでどおり封筒で送付され，その内容も変更されていない。ハガキで送付される場合も，住所等の表裏部分を除いて４面あるため，基本的な情報は変わらず記載されている。

　なお，年金加入記録の詳細や未加入期間が知りたい場合は「ねんきんネット」（インターネットによる年金加入記録の検索）を利用することにより，情報を取得できる。

　ねんきんネット（日本年金機構）

　http://www.nenkin.go.jp/n_net/

◇送付されるもの

・50歳未満……これまでの年金加入期間，これまでの加入実績に応じた年金額，これまでの保険料納付額と最近（直近13月）の月別状況
・35歳，45歳の人……上記以外に，これまでの加入履歴，これまでの国民年金保険料の納付状況と厚生年金の標準報酬月額等
・50歳以上の人……これまでの年金加入期間，日本年金機構に保管する記録のみで50歳までに年金受給権を満たしていると判断でき

る人には老齢年金の見込額，これまでの保険料納付額と最近の月別状況

・59歳の人……上記以外に，これまでの加入履歴，これまでの国民年金保険料の納付状況と厚生年金の標準報酬月額等

・年金受給権者で直近1年間に被保険者期間がある人……これまでの年金加入期間，これまでの保険料納付額と最近の月別状況，最近（直近13月）の月別状況

＊その他，年金加入記録回答票，書類の見方や回答票の記載方法等を説明するリーフレット，回答票の返信用封筒などが同封される。

◇ハガキによる「ねんきん定期便」（50歳以上の人）

　平成26年6月より，ねんきん定期便の「これまでの年金加入期間」の欄に一部の「合算対象期間等」が追加された。ただし，この欄には，国民年金の任意加入期間のうち，保険料を納めていない期間の月数が表されているだけで，例えば，昭和61年3月以前のサラリーマンの妻である専業主婦が任意加入しなかった，あるいは平成3年3月まで学生であった，といった期間等は算入されていない。

　したがって，老齢年金の見込額が，受給資格期間を満たしておらず不足していて表示されていない場合は，近くの年金事務所に問い合わせるとよい。

◇年金の「見える化」（令和4年4月25日試験運用開始）

　国民に分かりやすい形で個々人の働き方等の変化に伴う将来の年金の見通しを全体として「見える化」して，老後の生活設計を具体的にイメージできるような仕組みとして，「公的年金シミュレーター」が令和4年4月25日より試験運用開始となった。

　事前の登録が不要とされ，スマホ等でアクセスすることで，年金の見込額情報を入手できる。

（利用手順）

(1)スマホ等から「公的年金シミュレーター」にアクセス（PCからのアクセスの場合はQRコードリーダが必要）

(2)Webページを操作し「ねんきん定期便」に記載されるQRコードの見込額等の情報を読み取る

(3)Webページを通じて簡易試算する。利用者が生年月日や性別，将来の収入等試算条件をWebに入力設定する。例えば就職や転職，退職，または年金受給しながら働くときなどを設定することで，簡単な試算ができる

(4)「公的年金シミュレーター」の試算結果は，利用者の端末（スマホやタブレット，PC）にCSV形式で保存できる

◇国民年金未加入者への資格取得届の勧奨

　20歳，34歳，44歳到達者に実施していた国民年金未加入者への資格取得届の届出勧奨が，平成30年3月より54歳到達者にも実施された。この対応は，年金の受給資格期間が25年から10年に短縮されたためである。54歳到達以降65歳までの10年間で受給資格期間を満たせるため，54歳到達者に対して届出勧奨を実施している。

〈参考3〉 出産・育児をする被保険者に対する支援

I. 第2号被保険者に対する支援

1. 厚生年金・健康保険の産前・産後休業期間中の保険料免除

産前・産後休業を取得する場合，従業員負担および事業主負担の保険料が免除される。

2. 育児休業等期間の保険料免除期間の拡大

現在，最長で「子が3歳に達するまで」。原則育児休業等の開始日のある月から終了日の翌日のある月の前月まで。令和4年10月1日から，賞与の保険料免除は，賞与支払月の末日を含む連続した1ヵ月を超える育児休業をした場合に限るとされた。

1および2の免除期間は，保険料を納付したものとみなされ年金額に反映される。

3. 育児休業期間終了後の標準報酬改定

育児休業終了後に育児休業前よりも報酬額が低下した場合にも負担を軽減する措置が講じられている。具体的には，標準報酬が2等級以上の高低を生じたときに随時改定が行われていたが，事業主が年金事務所へ申し出ることにより，2等級以上の高低がなくとも，実際の低下に応じた保険料負担となる。

4. 3歳未満の子を養育する被保険者の標準報酬月額の特例

3歳未満の子を養育する間に標準報酬月額が低下した場合，特例により子が3歳に達するまでの間は，子の養育を開始した月の前月の標準報酬月額で保険料の納付が行われたとみなされる。この間の保険料は実際の低い標準報酬月額を基準として徴収される。原則として被保険者の申出に基づいて行われる。

Ⅱ 第1号被保険者に対する支援

産前産後期間の保険料免除（平成31年4月1日施行）

国民年金の第1号被保険者について，出産予定日または出産日が属する月の前月から4ヵ月間（多胎妊娠のときは，出産の月の3ヵ月前から6ヵ月間）の国民年金保険料が申請により免除される。この免除期間は，満額の基礎年金が保障される。

〈参考４〉　年金生活者支援給付金の制度

　年金生活者支援給付金の制度は，令和元年10月にスタートし，12月から該当者への支給が開始された。支給対象は低所得の年金受給者となっており，給付金は次の４種類としている。

①老齢年金生活者支援給付金

②補足的老齢年金生活者支援給付金

③障害年金生活者支援給付金

④遺族年金生活者支援給付金

　①老齢年金生活者支援給付金は，所得金額が一定の基準を下回る等の要件を満たした老齢基礎年金の受給者（65歳以上）に対して，給付金が支給される。給付金は，月額5,310円（令和６年度価額）を基準とし，国民年金の保険料納付済期間および保険料免除期間に応じて決められる。

　最大で月5,310円（物価スライドあり），年63,720円の支給となるが，5,310円は基準額であり，保険料を納めた期間等によって異なる。

　②補足的老齢年金生活者支援給付金は，一定の所得額がある老齢年金受給者と老齢年金生活者支援給付金の受給者の所得総額が，老齢年金生活者支援給付金の支給により逆転しないように，支給が規定されている。

　また，③障害年金生活者支援給付金や④遺族年金生活者支援給付金は，一定所得以下の障害基礎年金・遺族基礎年金受給者に，支給される。日本年金機構において，１年ごとに市区町村からの所得情報に基づき，支給要件に該当するかを判断し，引き続き支給要件を満たすときは，手続きが不要となる。

　老齢・障害・遺族基礎年金を受給している方で所得額が前年より低下したこと等により，新たに年金生活者支援給付金の対象者となる方には，日本年金機構から封筒が送付される。同封されている年金生活者支援給付金請求書（はがき）に必要事項を記入し返送すればよい。給付金は，支給要件を満たし，認定請求の手続きを行うことにより支払われる。

厚生年金標準報酬月額表 (令和６年度現在)
(第１等級～32等級)

等級	標準報酬月額 (円)	報酬月額 以上～未満
1	88,000	93,000円未満
2	98,000	93,000円以上～101,000円未満
3	104,000	101,000～107,000
4	110,000	107,000～114,000
5	118,000	114,000～122,000
6	126,000	122,000～130,000
7	134,000	130,000～138,000
8	142,000	138,000～146,000
9	150,000	146,000～155,000
10	160,000	155,000～165,000
11	170,000	165,000～175,000
12	180,000	175,000～185,000
13	190,000	185,000～195,000
14	200,000	195,000～210,000
15	220,000	210,000～230,000
16	240,000	230,000～250,000
17	260,000	250,000～270,000
18	280,000	270,000～290,000
19	300,000	290,000～310,000
20	320,000	310,000～330,000
21	340,000	330,000～350,000
22	360,000	350,000～370,000
23	380,000	370,000～395,000
24	410,000	395,000～425,000
25	440,000	425,000～455,000
26	470,000	455,000～485,000
27	500,000	485,000～515,000
28	530,000	515,000～545,000
29	560,000	545,000～575,000
30	590,000	575,000～605,000
31	620,000	605,000～635,000
32	650,000	635,000～

(例) 報酬月額が４月41万円, ５月42万円, ６月43万円の場合, 報酬月額 (３ヵ月平均) は42万円。上表に照らすと標準報酬月額は41万円となる。賞与額1回につき50万円 (令和6年4月現在)。

月額保険料　41万円×18.300％＝75,030円 〈 事業主½ (37,515円) / 被保険者½ (37,515円)

賞与保険料　50万円×18.300％＝91,500円 〈 事業主½ (45,750円) / 被保険者½ (45,750円)

令和2年9月から, 標準報酬月額の上限を引き上げ32等級を追加, 月額65万円とし, 実際の報酬が月63.5万円以上あると標準報酬月額は65万円となった。

年齢・西暦早見表

（令和６年版）

生年	西暦	干支	年齢	生年	西暦	干支	年齢	生年	西暦	干支	年齢
大正12	1923	癸亥	101	32	1957	丁酉	67	3	1991	辛未	33
13	1924	甲子	100	33	1958	戊戌	66	4	1992	壬申	32
14	1925	乙丑	99	34	1959	己亥	65	5	1993	癸酉	31
大正15昭和元	1926	丙寅	98	35	1960	庚子	64	6	1994	甲戌	30
2	1927	丁卯	97	36	1961	辛丑	63	7	1995	乙亥	29
3	1928	戊辰	96	37	1962	壬寅	62	8	1996	丙子	28
4	1929	己巳	95	38	1963	癸卯	61	9	1997	丁丑	27
5	1930	庚午	94	39	1964	甲辰	60	10	1998	戊寅	26
6	1931	辛未	93	40	1965	乙巳	59	11	1999	己卯	25
7	1932	壬申	92	41	1966	丙午	58	12	2000	庚辰	24
8	1933	癸酉	91	42	1967	丁未	57	13	2001	辛巳	23
9	1934	甲戌	90	43	1968	戊申	56	14	2002	壬午	22
10	1935	乙亥	89	44	1969	己酉	55	15	2003	癸未	21
11	1936	丙子	88	45	1970	庚戌	54	16	2004	甲申	20
12	1937	丁丑	87	46	1971	辛亥	53	17	2005	乙酉	19
13	1938	戊寅	86	47	1972	壬子	52	18	2006	丙戌	18
14	1939	己卯	85	48	1973	癸丑	51	19	2007	丁亥	17
15	1940	庚辰	84	49	1974	甲寅	50	20	2008	戊子	16
16	1941	辛巳	83	50	1975	乙卯	49	21	2009	己丑	15
17	1942	壬午	82	51	1976	丙辰	48	22	2010	庚寅	14
18	1943	癸未	81	52	1977	丁巳	47	23	2011	辛卯	13
19	1944	甲申	80	53	1978	戊午	46	24	2012	壬辰	12
20	1945	乙酉	79	54	1979	己未	45	25	2013	癸巳	11
21	1946	丙戌	78	55	1980	庚申	44	26	2014	甲午	10
22	1947	丁亥	77	56	1981	辛酉	43	27	2015	乙未	9
23	1948	戊子	76	57	1982	壬戌	42	28	2016	丙申	8
24	1949	己丑	75	58	1983	癸亥	41	29	2017	丁酉	7
25	1950	庚寅	74	59	1984	甲子	40	30	2018	戊戌	6
26	1951	辛卯	73	60	1985	乙丑	39	平成31令和元	2019	己亥	5
27	1952	壬辰	72	61	1986	丙寅	38	2	2020	庚子	4
28	1953	癸巳	71	62	1987	丁卯	37	3	2021	辛丑	3
29	1954	甲午	70	63	1988	戊辰	36	4	2022	壬寅	2
30	1955	乙未	69	昭和64平成元	1989	己巳	35	5	2023	癸卯	1
31	1956	丙申	68	2	1990	庚午	34	6	2024	甲辰	0

※年齢は誕生日以後の満年齢。誕生日までの年齢は上記より１をひく。

（資料３）障害年金額［受給者が昭和31年４月１日以前生まれの場合］（令和６年度額）

障害の程度	障害基礎年金		障害厚生年金
	基本額	子の加算	
1級	813,700円×1.25 =1,017,125円	1人目　234,800円 2人目　234,800円 3人目　 78,300円	報酬比例の年金額　×　1.25 ＋配偶者加給年金額（234,800円）
2級	813,700円	同上	報酬比例の年金額 ＋配偶者加給年金額（234,800円）
3級	支給されない		報酬比例の年金額 　（最低保障額あり　610,300円）
障害手当金	支給されない		報酬比例の年金額　×　2 　（最低保障額あり　1,220,600円）

（資料４）特例的な繰下げみなし増額制度（令和５年４月施行）

　令和４年４月から老齢年金の繰下げの上限年齢が70歳から75歳に引き上げられ、年金の受給開始時期の選択が広がった。一方で70歳以降に繰下げ待機中に何らかの理由で繰下げの申出をせず本来の年金を選択した場合、時効により受け取れない年金が生じる。

　これを踏まえて、令和５年４月から70歳到達後に繰下げの申出を行わず、本来請求を行う場合、本来請求を行った日の５年前に繰下げ申出があったものとみなして、増額された年金額を過去５年分を遡って支給する制度。

（対象者）
1. 昭和27年４月２日以後生まれの者（令和５年３月31日時点で71歳未満の者）
2. 老齢基礎年金・老齢厚生年金の受給権を取得した日が平成29年４月１日以降の者（令和５年３月31日時点で老齢基礎・老齢厚生年金の受給権を取得した日から６年を経過していない者）

（注意点）
＊80歳以降に請求する場合や、請求の５年前の日以前から他の年金の受給権がある場合は、対象外。
＊繰下げ待機中に本人が死亡した場合、特例的な繰下げみなし増額制度は適用されない。
＊65歳以降厚生年金保険の被保険者期間がある場合や70歳以降に厚生年金保険の適用事業所に勤務していた場合に、在職老齢年金制度により支給停止された額は増額の対象とならない。
＊過去分の年金を一括して受給することで、過去に遡って医療保険・介護保険料等の自己負担や保険料、税金等に影響がある場合がある。

例：71歳到達まで繰り下げ待機をし，71歳0月で老齢厚生年金の請求をする場合

本来の老齢厚生年金額：年額180万円　（A）

- -
① 　繰下げ申し出をするとき
繰下げ増額率：0.7%×72月＝50.4%
加算額＝180万円 ×50.4%＝90万7,200円　（B）
年金額＝180万円＋90万7,200円＝270万7,200円
繰下げ申出日の翌月から支給される。
- -

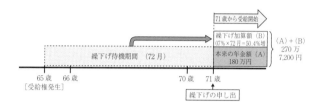

- -
② 　さかのぼって本来の年金額の受給を選択するとき
請求日の5年前に繰下げ申し出があったものとみなされる
繰下げ増額率：0.7%×12月＝8.4%
加算額＝180万円 ×8.4%＝15万1,200円　（C）
年金額＝180万円＋15万1,200円＝195万1,200円
過去5年分（975万6,000円）が一括で支払われる。
- -

　上記のケースでは，①では71歳から年額270万7,200円の年金を受給でき，②では，当初過去5年分の975万6,000円を受け取り，それ以後年額195万1,200円の年金を71歳から受給することになる。
比較すると約13年間年金を受給すると累計額がほぼ同額となる。
　　2,707,200円 ×13年＝35,193,600円
　　1,951,200円 ×13年＋9,756,000円＝35,121,600円

（資料５） 年金水準の推移（概念図）

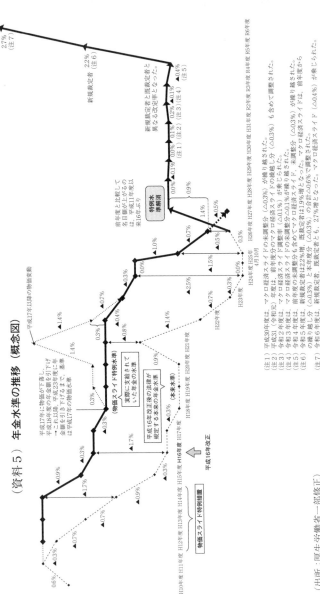

（注１） 平成30年度は、マクロ経済スライドの未調整分（△0.3％）が繰り越された。
（注２） 平成31（令和元）年度は、前年度分のマクロ経済スライド△未調整分（△0.3％）、
　　　　も含めて調整された。
（注３） 令和2年度は、マクロ経済スライド調整率（△0.1％）が乗じられた。
（注４） 令和3年度は、マクロ経済スライドの未調整分△0.1％が繰り越された。
（注５） 令和4年度は、前年度の未調整分を含めてマクロ経済スライド（△0.3％）が繰り越された。
（注６） 令和5年度は、前年度のマクロ経済スライド分も含めてマクロ経済スライド（△0.3％）が繰り越された。
　　　　新規裁定者は1.9%増。既裁定者は2.2%増。の合計0.6%でマクロ経済スライド（△0.3％）と昨年度分
　　　　の繰り越し分（△0.3％）との合計△0.6％でマクロ経済スライド（△0.4％）が調整された。
（注７） 令和6年度は、新規裁定者、既裁定者ともに、2.7%増とマクロ経済スライド、既裁定者も含められた。

（出所：厚生労働省一部修正）

194

（資料 6 ） **公的年金等控除**

●公的年金等に係る雑所得以外の所得に係る合計所得金額が1,000万円以下である場合

公的年金等の収入金額		65歳未満	65歳以上
	130万円未満	60万円	110万円
130万円以上	330万円未満	収入×25% ＋ 27.5万円	
330万円以上	410万円未満	収入×25% ＋ 27.5万円	
410万円以上	770万円未満	収入×15% ＋ 68.5万円	同左
770万円以上	1,000万円未満	収入× 5% ＋145.5万円	
1,000万円以上		195.5万円	

●公的年金等に係る雑所得以外の所得に係る合計所得金額が1,000万円超2,000万円以下である場合

公的年金等の収入金額		65歳未満	65歳以上
	130万円未満	50万円	100万円
130万円以上	330万円未満	収入×25% ＋ 17.5万円	
330万円以上	410万円未満	収入×25% ＋ 17.5万円	
410万円以上	770万円未満	収入×15% ＋ 58.5万円	同左
770万円以上	1,000万円未満	収入× 5% ＋135.5万円	
1,000万円以上		185.5万円	

●公的年金等に係る雑所得以外の所得に係る合計所得金額が2,000万円超である場合

公的年金等の収入金額		65歳未満	65歳以上
	130万円未満	40万円	90万円
130万円以上	330万円未満	収入×25% ＋ 7.5万円	
330万円以上	410万円未満	収入×25% ＋ 7.5万円	
410万円以上	770万円未満	収入×15% ＋ 48.5万円	
770万円以上	1,000万円未満	収入× 5% ＋125.5万円	同左
1,000万円以上		175.5万円	

再評価率表（令和６年度）

	平成6年再評価率	～S5.4.1	S5.4.2～S6.4.1	S6.4.2～S7.4.1	S7.4.2～S8.4.1	S8.4.2～S10.4.1	S10.4.2～S11.4.1	S11.4.2～S12.4.1	S12.4.2～S13.4.1	S13.4.2～S31.4.1	S31.4.2以後
S33.3以前	13.960	14.563	14.711	15.025	15.102	15.102	15.165	15.273	15.400	15.414	15.459
S33.4～S34.3	13.660	14.250	14.392	14.705	14.776	14.776	14.837	14.946	15.068	15.081	15.126
S34.4～S35.4	13.470	14.052	14.192	14.497	14.572	14.572	14.634	14.738	14.858	14.874	14.918
S35.5～S36.3	11.470	11.622	11.739	11.989	12.052	12.052	12.100	12.186	12.289	12.300	12.337
S36.4～S37.3	10.300	10.746	10.853	11.084	11.142	11.142	11.188	11.271	11.360	11.373	11.407
S37.4～S38.3	9.300	9.701	9.801	10.009	10.060	10.060	10.102	10.177	10.259	10.270	10.301
S38.4～S39.3	8.540	8.910	8.994	9.195	9.239	9.239	9.277	9.345	9.421	9.429	9.457
S39.4～S40.4	7.850	8.188	8.270	8.451	8.491	8.491	8.526	8.589	8.659	8.668	8.694
S40.5～S41.3	6.870	7.166	7.237	7.395	7.431	7.431	7.461	7.515	7.579	7.584	7.606
S41.4～S42.3	6.310	6.584	6.649	6.789	6.826	6.826	6.853	6.903	6.960	6.966	6.987
S42.4～S43.3	6.140	6.403	6.470	6.611	6.645	6.645	6.670	6.719	6.772	6.777	6.797
S43.4～S44.10	5.430	5.665	5.723	5.843	5.875	5.875	5.898	5.940	5.989	5.996	6.013
S44.11～S46.10	4.150	4.329	4.373	4.467	4.490	4.490	4.510	4.541	4.578	4.582	4.596
S46.11～S48.10	3.600	3.755	3.793	3.874	3.894	3.894	3.911	3.941	3.972	3.976	3.988
S48.11～S50.3	2.640	2.753	2.779	2.842	2.856	2.856	2.867	2.889	2.915	2.918	2.926
S50.4～S51.7	2.250	2.347	2.370	2.424	2.435	2.435	2.445	2.465	2.481	2.483	2.490
S51.8～S53.3	1.860	1.940	1.961	2.003	2.013	2.013	2.021	2.034	2.051	2.053	2.059
S53.4～S54.3	1.710	1.783	1.802	1.840	1.851	1.851	1.859	1.872	1.887	1.888	1.894
S54.4～S55.9	1.620	1.690	1.707	1.742	1.751	1.751	1.758	1.771	1.786	1.788	1.794
S55.10～S57.3	1.460	1.523	1.538	1.572	1.580	1.580	1.586	1.596	1.608	1.610	1.615
S57.4～S58.3	1.390	1.448	1.466	1.497	1.505	1.505	1.511	1.521	1.533	1.534	1.538
S58.4～S59.3	1.340	1.400	1.414	1.442	1.448	1.448	1.455	1.467	1.480	1.481	1.485
S59.4～S60.9	1.290	1.346	1.361	1.389	1.396	1.396	1.403	1.413	1.424	1.424	1.429
S60.10～S62.3	1.220	1.273	1.284	1.313	1.319	1.319	1.325	1.335	1.346	1.347	1.352
S62.4～S63.3	1.190	1.241	1.254	1.280	1.286	1.286	1.291	1.300	1.311	1.313	1.317
S63.4～H元.3	1.160	1.210	1.221	1.249	1.255	1.255	1.260	1.269	1.279	1.280	1.284
H元.12～H3.3	1.090	1.138	1.148	1.173	1.178	1.178	1.183	1.192	1.202	1.203	1.206
H3.4～H4.3	1.040	1.085	1.097	1.120	1.126	1.126	1.131	1.139	1.147	1.148	1.151
H4.4～H5.3	1.010	1.054	1.064	1.087	1.093	1.093	1.098	1.107	1.115	1.116	1.119
H5.4～H6.3	0.990	1.033	1.043	1.065	1.071	1.071	1.076	1.083	1.092	1.093	1.096
H6.4～H7.3	0.990	1.025	1.025	1.045	1.051	1.051	1.055	1.062	1.071	1.071	1.075

	平成6年再評価率	～S5.4.1	S5.4.2～S6.4.1	S6.4.2～S7.4.1.	S7.4.2～S8.4.1	S8.4.2～S10.4.1	S10.4.2～S11.4.1	S11.4.2～S12.4.1	S12.4.2～S13.4.1	S13.4.2～S31.4.1	S31.4.2以後
H7.4～H8.3	0.990	1.024	1.024	1.024	1.029	1.029	1.033	1.040	1.049	1.050	1.053
H8.4～H9.3	0.990	1.020	1.020	1.020	1.015	1.015	1.020	1.028	1.036	1.037	1.040
H9.4～H10.3	0.990	0.998	0.998	0.998	0.998	1.001	1.005	1.013	1.023	1.024	1.027
H10.4～H11.3	0.990	0.992	0.992	0.992	0.992	0.992	0.996	1.001	1.010	1.011	1.014
H11.4～H12.3	0.990	0.995	0.995	0.995	0.995	0.995	0.995	1.000	1.009	1.010	1.013
H12.4～H13.3	0.917	1.000	1.000	1.000	1.000	1.000	1.000	1.000	1.009	1.010	1.013
H13.4～H14.3	0.917	1.007	1.007	1.007	1.007	1.007	1.007	1.007	1.007	1.009	1.012
H14.4～H15.3	0.917	1.017	1.017	1.017	1.017	1.017	1.017	1.017	1.017	1.015	1.018
H15.4～H16.3	0.917	1.022	1.022	1.022	1.022	1.022	1.022	1.022	1.022	1.018	1.021
H16.4～H17.3	0.917	1.023	1.023	1.023	1.023	1.023	1.023	1.023	1.023	1.020	1.022
H17.4～H18.3	0.923	1.024	1.024	1.024	1.024	1.024	1.024	1.024	1.024	1.022	1.024
H18.4～H19.3	0.926	1.024	1.024	1.024	1.024	1.024	1.024	1.024	1.024	1.022	1.024
H19.4～H20.3	0.924	1.022	1.022	1.022	1.022	1.022	1.022	1.022	1.022	1.018	1.021
H20.4～H21.3	0.924	1.003	1.003	1.003	1.003	1.003	1.003	1.003	1.003	1.001	1.004
H21.4～H22.3	0.914	1.016	1.016	1.016	1.016	1.016	1.016	1.016	1.016	1.014	1.017
H22.4～H23.3	0.927	1.023	1.023	1.023	1.023	1.023	1.023	1.023	1.023	1.020	1.022
H23.4～H24.3	0.934	1.025	1.025	1.025	1.025	1.025	1.025	1.025	1.025	1.023	1.025
H24.4～H25.3	0.937	1.026	1.026	1.026	1.026	1.026	1.026	1.026	1.026	1.024	1.027
H25.4～H26.3	0.937	1.028	1.028	1.028	1.028	1.028	1.028	1.028	1.028	1.026	1.029
H26.4～H27.3	0.932	0.998	0.998	0.998	0.998	0.998	0.998	0.998	0.998	0.996	0.999
H27.4～H28.3	0.909	0.993	0.993	0.993	0.993	0.993	0.993	0.993	0.993	0.991	0.994
H28.4～H29.3	0.909	0.996	0.996	0.996	0.996	0.996	0.996	0.996	0.996	0.994	0.997
H29.4～H30.3	0.910	0.992	0.992	0.992	0.992	0.992	0.992	0.992	0.992	0.990	0.993
H30.4～H31.3	0.910	0.983	0.983	0.983	0.983	0.983	0.983	0.983	0.983	0.981	0.984
H31.4～R2.3	0.903	0.980	0.980	0.980	0.980	0.980	0.980	0.980	0.980	0.978	0.981
R2.4～R3.3	0.899	0.980	0.980	0.980	0.980	0.980	0.980	0.980	0.980	0.978	0.978
R3.4～R4.3	0.900	0.983	0.983	0.983	0.983	0.983	0.983	0.983	0.983	0.981	0.981
R4.4～R5.3	0.904	0.958	0.958	0.958	0.958	0.958	0.958	0.958	0.958	0.956	0.956
R5.4～R6.3	0.879	0.928	0.928	0.928	0.928	0.928	0.928	0.928	0.928	0.926	0.926
R6.4～R7.3	0.853	0.928	0.928	0.928	0.928	0.928	0.928	0.928	0.928	0.926	0.926

（資料8） 令和4年簡易生命表

(令和5年7月発表)

現在の年齢	平均余命 男性	平均余命 女性	現在の年齢	平均余命 男性	平均余命 女性	現在の年齢	平均余命 男性	平均余命 女性
歳	年	年	歳	年	年	歳	年	年
0	81.05	87.09	30	51.66	57.56	60	23.59	28.84
1	80.20	86.23	31	50.69	56.58	61	22.74	27.92
2	79.22	85.25	32	49.71	55.60	62	21.90	27.01
3	78.23	84.26	33	48.74	54.61	63	21.07	26.10
4	77.24	83.27	34	47.77	53.63	64	20.25	25.20
5	76.25	82.28	35	46.80	52.65	65	19.44	24.30
6	75.26	81.28	36	45.83	51.68	66	18.64	23.41
7	74.26	80.29	37	44.86	50.70	67	17.85	22.52
8	73.27	79.29	38	43.90	49.72	68	17.07	21.64
9	72.27	78.30	39	42.93	48.75	69	16.31	20.76
10	71.28	77.30	40	41.97	47.77	70	15.56	19.89
11	70.28	76.30	41	41.01	46.80	71	14.82	19.03
12	69.28	75.31	42	40.06	45.83	72	14.11	18.17
13	68.29	74.31	43	39.10	44.86	73	13.40	17.33
14	67.30	73.32	44	38.15	43.90	74	12.72	16.49
15	66.31	72.33	45	37.20	42.93	75	12.04	15.67
16	65.32	71.34	46	36.25	41.97	76	11.38	14.86
17	64.33	70.35	47	35.31	41.01	77	10.73	14.06
18	63.35	69.36	48	34.37	40.06	78	10.10	13.27
19	62.37	68.38	49	33.44	39.11	79	9.48	12.49
20	61.39	67.39	50	32.51	38.16	80	8.89	11.74
21	60.42	66.41	51	31.59	37.21	81	8.31	11.00
22	59.45	65.43	52	30.67	36.27	82	7.75	10.29
23	58.48	64.44	53	29.76	35.33	83	7.21	9.59
24	57.50	63.46	54	28.86	34.39	84	6.69	8.92
25	56.53	62.48	55	27.97	33.46	85	6.20	8.28
26	55.56	61.49	56	27.08	32.53	86	5.73	7.66
27	54.58	60.51	57	26.19	31.60	87	5.29	7.07
28	53.61	59.53	58	25.32	30.68	88	4.88	6.51
29	52.63	58.54	59	24.45	29.76	89	4.50	5.97
						90	4.14	5.47

　　　　共済組合・恩給関係事務所一覧

名　称	郵便番号	所在地	電話番号
国家公務員共済組合			
国家公務員共済組合連合会本部・年金部 年金相談ダイヤル	102-8082	千代田区九段南１-１-10	03-3265-8141
		(0570-080-556(ナビダイヤル)または03-3265-8155)	
衆 議 院 共 済 組 合	100-0014	千代田区永田町１-７-１	03-3581-5111
参 議 院 共 済 組 合	100-0014	千代田区永田町１-７-１	03-3581-3111
内 閣 共 済 組 合	100-8914	千代田区永田町１-６-１	03-5253-2111
総 務 省 共 済 組 合	100-8926	千代田区霞が関２-１-２	03-5253-5141
法 務 省 共 済 組 合	100-8977	千代田区霞が関１-１-１	03-3580-4111
外 務 省 共 済 組 合	100-8919	千代田区霞が関２-２-１	03-3580-3311
財 務 省 共 済 組 合	100-8940	千代田区霞が関３-１-１	03-3581-4111
文 部 科 学 省 共 済 組 合	100-8959	千代田区霞が関３-２-２	03-5253-4111
厚 生 労 働 省 共 済 組 合	100-8916	千代田区霞が関１-２-２	03-5253-1111
農 林 水 産 省 共 済 組 合	100-8950	千代田区霞が関１-２-１	03-3502-8111
経 済 産 業 省 共 済 組 合	100-8901	千代田区霞が関１-３-１	03-3501-0602
国 土 交 通 省 共 済 組 合	100-8918	千代田区霞が関２-１-３	03-5253-8111
裁 判 所 共 済 組 合	102-8651	千代田区隼町４-２	03-3264-8111
会 計 検 査 院 共 済 組 合	100-8941	千代田区霞が関３-２-２	03-3581-3251
防 衛 省 共 済 組 合	162-8853	新宿区市谷本村町５-１	03-3268-3111
刑 務 省 共 済 組 合	100-8977	千代田区霞が関１-１-１	03-3580-4111
厚生労働省第二共済組合	100-8916	千代田区霞が関１-２-２	03-5253-1111
林 野 庁 共 済 組 合	100-8952	千代田区霞が関１-２-１	03-6744-2334
日本郵政共済組合共済センター	330-9792	さいたま市中央区新都心３-１	0120-97-8484
国家公務員共済組合連合会員相談事務所	102-8081	千代田区九段南１-１-10	03-3222-1841
地方公務員共済組合			
地方公務員共済組合連合会	100-0011	千代田区内幸町２-１-１	03-6807-3677
		飯野ビルディング11階(総合受付は3階)	
地 方 職 員 共 済 組 合	102-8601	千代田区平河町２-４-９	03-3261-9850
		地共済センタービル	(年金相談窓口)
東 京 都 職 員 共 済 組 合	163-8001	新宿区西新宿２-８-１	0570-03-4165
			(ナビダイヤル)(年金課)
公 立 学 校 共 済 組 合	101-0062	千代田区神田駿河台２-９-５	03-5259-1122
			(本部年金相談室)
警 察 共 済 組 合 本 部	102-8588	千代田区三番町６-８	03-5213-7570
		警察共済ビル	(年金相談センター)
全国市町村職員共済組合連合会	102-0084	千代田区二番町２	03-5210-4608
		東京グリーンパレス	(相談窓口)
日本私立学校振興・共済事業団	113-8441	文京区湯島１-７-５	03-3813-5321
			(共済事業本部)
日 本 鉄 道 共 済 組 合	231-8315	横浜市中区本町６-50-１	045-222-9512
		横浜アイランドタワー19階	(年金係)
農林漁業団体職員共済組合	110-8580	台東区秋葉原２-３	03-6260-7800(代)
(農林年金)		日本農業新聞本社ビル	
恩給			
総務省政策統括官[恩給担当] 恩給相談窓口	162-8022	新宿区若松町19-１	03-3202-1111
		恩給相談窓口	03-5273-1400
企 業 年 金 連 合 会	105-0011	港区芝公園２-４-１芝パークビル	03-5401-8711
企業年金コールセンター		B館10,11F　0570-02-2666(または03-5777-2666)	
国 民 年 金 基 金 連 合 会	106-0032	港区六本木６-１-21　　03-5411-0211(代)	
(確定拠出年金部)		三井住友銀行六本木ビル	0570-003-105
全 国 国 民 年 金 基 金	107-0052	港区赤坂８-１-22　0570-008-002または03-6804-2202	
		NMF青山一丁目ビル９階　　(お客様相談センター)	

199

＜監修＞

柏木　京子（社会保険労務士）
昭和25年2月生まれ，福岡県出身
平成13年　社会保険労務士試験合格
平成15年　柏木社会保険労務士事務所（横浜市）を開業

菊川　久誉（年金コンサルタント）
昭和13年5月生まれ，神奈川県出身
昭和36年4月　三和銀行（現・三菱UFJ銀行）へ入社
昭和63年　社会保険労務士および宅地建物取引主任者資格取得
平成7年4月　三和銀行（現・三菱UFJ銀行）退職後
　　　　　　菊川社会保険労務士事務所を開業
平成30年4月　社労士会を退会し，年金コンサルタントとして活動

2024　年金 ポケットブック

2024版　2024年6月12日　初版

編　者　　㈱近代セールス社
発行者　　楠　真一郎

発行所　　㈱近代セールス社

〒165-0026　東京都中野区新井2-10-11　ヤシマ1804ビル4階
電話(03)6866-7586　FAX(03)6866-7596

印刷　広研印刷㈱
製本　㈱新寿堂
ISBN978-4-7650-2395-5